Marie Luise Kaschnitz
Überallnie

MARIE LUISE KASCHNITZ
Überallnie

Ausgewählte Gedichte 1928–1965
Mit einem Nachwort
von Karl Krolow

CLAASSEN

2. Auflage 1998
Copyright © 1965 Claassen Verlag
Alle deutschen Rechte vorbehalten
Druck: Gerstenberg Druck, Hildesheim
Gedruckt auf chlorfrei gebleichtem, säurefreiem Papier
ISBN 3-546-00142-7

Überallnie

KINDHEIT

Der Kindheit Vogel ruft im lichten Haine
So leise, ach so unerreichbar weit
Der Faulbaum duftet und die Wiesenraine
Sind wie mit Sternentalern überstreut.

Wir hatten einst ein Haus im Lebensbaume
Das ist nicht mehr, ob auch der Stamm noch ragt
Und in dem dunkeln bitterkühlen Raume
Der Wind gleich einer Geisterstimme klagt.

Wir ritten einst auf einem kleinen Pferde
Sein Hufschlag ging so weich im tiefen Sand.
Der ist nicht mehr, der uns zu reiten lehrte
Und ruhig in des Kreises Mitte stand.

O strenger Klang der Geigen in der Stille,
Zum Fenster schlichen wir im Mondesstrahl
Auf Wald und Garten lag des Lichtes Fülle
Und Stimmen wogten aus dem Gartensaal.

Um Stall und Scheuer huschten dunkle Schatten
Am Brunnenrohre lag ein weißer See
Und zu der Lache drängten sich die Ratten
Und tranken gierig und verschwanden jäh.

O hüte dich, der Kindheit nachzusinnen
So schaurig ist's im tiefen stillen Tal
Der ersten Freude Glanz wirst du gewinnen
Doch auch des ersten Grauens bittre Qual.

Noch ist's wie ehedem. Die Blüten wehen
Der Kuckuck ruft im tiefen Waldesdicht,
Dem Schmerz, der Lust ein Ende abzusehen
Wir lerntens nicht.

DIE SEELE
Meinem Vater

Es geht dein Leib, dein schönes Angesicht
Zur Erde ein, daß Erde ihn erneue
Wird schwarze Taxuswand und Windenbläue
Ein Tropfen Tau im siebenfarbnen Licht.

Es steigt dein freier kalter Geist ins All,
Empor in jenes Reich demantner Kühle
Wird Licht im Licht, Stern in der Sternenfülle
Ein reiner Klang im ehernen Choral.

Zuweilen nur, im Anbeginn der Nacht
Wird das Geäst ein schwerer Flügel streifen
Und durch den Garten, wo die Früchte reifen
Geht deine Seele, die ums Leben klagt.

TULPEN

Für Mädy

Wenn das blaue Maigewitter droht
Rauscht des Windes Klageruf im Tann
Durch die Beete geht der Tulpentod
Rührt die eine um die andre an.

Schöne Tulpen rot und flammenbunt
Schwarzgefleckte von der fremden Art
Die ihr länger als der junge Mond
Knospengleich auf schlankem Stil verharrt

Nicht vom Blitze werdet ihr gestreift
Nicht vom blanken Sensenhiebe wund
Nur, es ist ein Tag herangereift
Da ihr euch enthüllet bis zum Grund

Und begierig den Mänaden gleich
Die des Reigens wilder Rausch berückt
Blütenblatt um Blütenblatt verzweigt
Und das stolze Haupt zur Erde bückt – –

Bis ihr also wild hinüber geht
Sonne, Mond und Sternen aufgetan
Blatt um Blatt verstreuend auf dem Beet –
Rings indessen hebt der Sommer an.

ROM
Für Ludwig Curtius

Königlich, Rom, hast du mich immer empfangen.
Ob ich von Norden zu dir aus der dunkleren Heimat
Sehnsüchtig drängte oder aus reifenden Gärten
Ferner hesperischer Täler gesättigt mich wandte:
Herrlich umfing mich, vom Fluge der Wolken beschattet
Golden und schwarz die Campagna und in der Ferne
Hob sich dein ewiger Umriß vom feurigen Himmel.

Stolz war ich oftmals, daß du dich zur Heimat erboten.
Wie des gefährlichen Ursprungs der Sohn des Gebirges
Immer sich freuet, ermaß ich den Abgrund der Zeiten
Draus die betäubenden Nebel sich drohend erheben,
Urgeister auch und ein lockend gefährlicher Schwindel.
Träumend verweilt ich, und gleich deinen eigenen Kindern
Pflückt ich die Frucht deiner Gärten, nicht achtend, daß tiefer,
Tief in der Erde die Wurzel den Schädel zerpreßt.

Aber nicht immer genoß ich so heiteres Vorrecht.
Fremder erschienst du mir auch, eine finstere Mutter,
Funkelnd von Schmuck und von heimlicher Zärtlichkeit trunken.
Grausamkeit sah ich in deinen nicht alternden Zügen
Und es verriet mir dein Lächeln die Lust der Gewalttat.
Aus deinen schimmernden Kirchen und dunklen Palästen
Klang es wie tropfendes Blut und ich floh deine Nähe
Wehrte der Liebkosung mich deiner herrischen Hand.

Eine Gestorbene auch bist du oft mir erschienen.
Steinernen Todes, gebahrt seit undenklichen Zeiten
Lagst du in blumiger Steppe der wilden Campagna.
Still in dem Fluge der Bienen und Blöken der Lämmer
Strahltest du tödliche Stille. Nicht konnte mein Atem
Nicht meine pochenden Hände zum Leben dich wecken
Kälte beschlich mir das Herz unerweckbarer Zeiten
Und deine steinernen Augen zum Himmel gerichtet
Schreckten mich wie der Medusa versteinerndes Bild.

Doch an den andern, den Tagen der heiligen Wandlung
Strahltest du von dem lebendigen Licht wie das süße
Sinnbild der heimischen Wälder. Klangest vom Jubel
Liebender drängender Seelen und gleich einer Harfe
Die aus unendlicher Ferne ein Engel berührte
Strömtest du rauschenden Klang in die Stille der Nacht.

Immer schied ich von dir mit weinendem Herzen.
Ungedeutet blieb vieles und unverstanden das Letzte.
Stimmen sprachen dem Ohre vorüber und klangen
Ängstigend nach und das Eigne entfloh dir
Oft wir ein irrender Vogel dem zaubrischen Walde.
Münze um Münze versank in dem tönenden Brunnen
Und deine Fülle zu fassen verzagte das Herz.

Doch es erneuern sich ewig die Wasser der trevischen Quelle.
Andere immer und offener kehren wir wieder
Suchen ein neues und finden ein neues bereit uns.
Tiefer berührt uns alljährlich das ewige Zeugnis
Drängenden Geistes und bildender Hände, und mächtger
Hebt aus der Leidenschaft dunklem Getön sich der tiefe
Ruhige Herzschlag belebender Liebe hervor.

SCHATTEN UND GESTALT

Ich weiß es, daß mich dein Gedanke sucht.
Du kennst den Weg, geh ihn mit mir zusammen.
Sieh wie in Flammen
Der Wald schon steigt um graue Wiesenbucht.
Spür in der Luft den winterlichen Hauch,
So teilest du des Todes Feier auch.

Doch dann entflieh. Laß mich mit dir entgleiten,
Weil dort, wo du bist, sich des Jahres Zeiten
Einander sanfter, heiterer verbinden.
Ich werde Schatten und du wirst Gestalt.
So laß uns bald
In deine Wirklichkeit hinüberfinden.

Du gehst den Weg. Du läßt mich mit dir gehen.
Verlaß das sanfte Gartenland und steige
Bergauf durch den metallnen Glanz der Zweige
Im Ölwald. Deine Augen sehen
Vom Felsenkamm, der weithin Ausblick gibt,
Dann die Campagna, wie wir sie geliebt.

Du spürst es, daß dich mein Gedanke sucht.
Du flüsterst, – schau, –
Das Cap der Circe schwebt im lichten Blau
Wie eine Wolke, fast vom Meer getrennt.
Durchsichtig zart ist Umriß und Getön,
Unirdisch heiter und doch irdisch schön,
Wie eine Landschaft, die den Tod nicht kennt.

GRABSTELE

Der Tod ist nah, er steht schon auf der Schwelle
Schon kann ich seinen Schatten wachsen sehen
Sobald er näher tritt versiegt die Quelle
Und ich muß gehen.

Ich weiß es wohl, warum er noch verweilte
Ich soll den Sinn auf das Vergangne lenken
Doch all die Zeit, die mir so schnell enteilte
Kann ich nicht denken.

Gebt mir das Kästchen mit den goldnen Reifen
Den bunten Steinen und den kalten Ringen,
Ich kann das Leben anders nicht begreifen
Als in den Dingen.

Was gilt mir denn, was mein Verdienst gewesen
Daß ich die Sorge trug und euch verschonte
Daß ich euch Wünsche von den Lippen lesen
Und schweigen konnte.

Was ihr mir danket, hab ich schon vergessen
Was ich erworben, kann mich nicht beglücken,
Mit all dem holden Tand, den ich besessen
Will ich mich schmücken.

Nur das Vergänglichste soll mich erfüllen
Das süßeste Geschenk, das mir gegeben.
Ein Blick, ein Lächeln um der Schönheit willen:
Das war mein Leben.

KLOSTER IN DAPHNE

Sieh des Gottes Haus im Morgenscheine
Schwebend auf der Wipfel grüner Flut
Winde rauschen durch die Kiefernhaine
Wo die Stimmen schweigen, reden Steine
Vom vergeblich dargebrachten Blut.

Zwar das Öl der Lampen ging zu Ende
Und das Gold der Bilder ward getrübt
Und die blassen Schatten an den Wänden
Künden nur die freundlichen Legenden
Eines Jünglings, der die Welt geliebt.

Doch hernieder aus der Kuppel Runde
Blickt ein mächtig dunkles Augenpaar;
Gibt mit urgewaltger Strenge Kunde
Von dem lang vergessnen alten Bunde,
Welcher zwischen Gott und Menschen war.

Eine Stimme spricht: «Aeonen schwanden,
Hügel wichen, Berge fielen hin;
Nie und nie habt ihr mein Wort verstanden.
Doch ich bin.»

CHÄRONEA

O öder Weg inmitten Baumwollfeldern,
Und Rückblick dann und wann ins Sumpfgebiet,
Da wir die Fieberwildnis kaum verlassen,
Den Hain von Lebensbäumen schon umfassen
Und vor dem schwarzen Grün das hohe Mal ...

So wie ein Mensch der früh, vor langen Jahren,
Ein schreckliches Gesicht gehabt und nicht vergessen
Und nicht verwinden kann – und hat doch Wogen
Der Freude seitdem in sein Herz gesogen –
Noch auf dem Antlitz jenen Schrecken trägt ...

So ist gefügt in dies Gesicht der Erde
Die Schlacht und eines Volkes Untergang.
Und daß zur selben Zeit ein Reich entstanden
Und Knabenhände ihre Krone fanden
All dies ist tot. Es lebt allein der Schmerz.

Ein Fohlen bäumt sich, springt im Dämmerlichte
Der Stute nach, die einen Wagen zieht.
Drin liegt ein Kranker mit erloschnem Blicke,
Der, hinten angeseilt mit derbem Stricke,
Den eignen Sarg in seine Heimat führt.

Die weiße Flocke quillt im Baumwollfelde
Und Mücken summen ihre Blutbegier.
Ein schwarzes Wasser gurgelt unterm Tange,
Doch vor dem dunkeln Hain, dem kahlen Hange,
Steht groß der Löwe in der letzten Glut.

AEGINA

Wir hörten in den Kiefernwäldern
Den Wind, der in den Kronen sang,
Wir sahn das weiße Blut, das perlend
Aus den verletzten Stämmen drang.

Es stieg von manchem nahen Herde
Am Nachmittag ein bittrer Hauch.
Tief schatteten auf brauner Erde
Johannisbrot und Mispelstrauch.

Am Abend war auf Felsenwegen
Von Ziegenherden ein Getön
Und fern der wilde Schrei der Esel,
Die weidend durch das Dickicht gehn.

Ein Licht am Strande glänzte heller.
Wir waren Gast im fremden Boot,
Drei Fische lagen auf dem Teller,
Drei Scheiben von dem weißen Brot.

Im Weine war das Harz der Wälder,
Die Fische schmeckten Meereshauch.
Wir aßen das Gewächs der Felder,
Die bittre Frucht vom Mispelstrauch.

Wie seltsam war der Tag vergangen:
Wir kamen, gingen ungehemmt,
Nicht ahnend, was die Kinder sangen,
Wir waren Wanderer und fremd.

Doch als wir so vom Leib der Erde
Genossen, ward uns jeder Laut,
Der Menschen Sprache und Gebärde
Auf einmal wunderbar vertraut,

Und als der Ruderschlag verklungen,
Kein Schein des Lichtes mehr uns traf,
Da sangen uns mit tausend Zungen
Attische Winde in den Schlaf.

DELPHI

Wie traurig sind die heiligen Bezirke
Von Mandelbaum und Feige überschattet.
Die Ranke weht von Trümmern der Altäre
Und Tempelstufen tragen nichts als Leere,
Die alte Schrift verwittert auf dem Stein.

Es tönt vom Abhang wild und unaufhörlich
Der Schrei der Esel wie aus Urwelttiefe.
Ein Raunen längst verklungener Beschwörung
Erfüllt mit Furcht und trunkener Betörung
Den Sinn des Wandrers, der im Dickicht irrt.

Da findet er am heilig alten Berge
Sich unvermutet über lichten Weiten
Und sieht von Gipfeln, die sich schimmernd breiten,
Die Wälder silbern in die Tiefe gleiten,
Rötliche Hügel und die blaue Bucht.

Und wendet sich hinauf und sieht die Felsen
Zu seinen Häupten noch im Lichte glänzen
Und über Säulenschaft und Tempelschwelle,
Unhörbar schwebend in kristallner Helle,
Die großen Adler ihre Kreise ziehn.

SOUNION

Wußte einer denn, wieviel er wagte,
Da er diesem Ziel entgegenfuhr,
Weil man ihm von einem Tempel sagte
Und von überwachsner Mauern Spur?

Ach, vom Felsen, wo zum steilen Hange
Winde flügeln und die Welle bricht,
Irrt der Blick am weißen Säulenhange
Und er findet Licht und lauter Licht.

Das Vergangne wird im Sturm zermahlen,
In die Zukunft schauen wir wie blind;
Denn wir spüren nur die großen Strahlen
Und wir wissen nichts als daß wir sind.

Viele waren, die von weither kamen,
Weithin trugen ihr Verwandeltsein;
Doch es stehen auch die ewgen Namen
Ohne Schatten auf dem weißen Stein.

JUNI

Schön wie niemals sah ich jüngst die Erde.
Einer Insel gleich trieb sie im Winde.
Prangend trug sie durch den reinen Himmel
Ihrer Jugend wunderbaren Glanz.

Funkelnd lagen ihre blauen Seen,
Ihre Ströme zwischen Wiesenufern.
Rauschen ging durch ihre lichten Wälder,
Große Vögel folgten ihrem Flug.

Voll von jungen Tieren war die Erde.
Fohlen jagten auf den grellen Weiden,
Vögel reckten schreiend sich im Neste,
Gurrend rührte sich im Schilf die Brut.

Bei den roten Häusern im Holunder
Trieben Kinder lärmend ihre Kreisel;
Singend flochten sie auf gelben Wiesen
Ketten sich aus Halm und Löwenzahn.

Unaufhörlich neigten sich die grünen
Jungen Felder in des Windes Atem,
Drehten sich der Mühlen schwere Flügel,
Neigten sich die Segel auf dem Haff.

Unaufhörlich trieb die junge Erde
Durch das siebenfache Licht des Himmels;
Flüchtig nur wie einer Wolke Schatten
Lag auf ihrem Angesicht die Nacht.

HOCHSOMMER

Im Erntemonde, wenn die Halme bleichen
Verstummt der Vögel Sang. Die Erde ruht.
Es wächst die grüne Decke auf den Teichen,
Erstickt die Flut.

Der Brunnenschale Wasser geht zur Neige,
Der Efeu streckt die kleine Totenhand
Im Garten schlingen Ranken sich und Zweige
Zu finstrer Wand.

Die roten Beeren schimmern aus dem Laube
Es tritt der Fremde in den Garten ein
Zerpreßt die leuchtende Johannistraube
Wie Blut und Wein.

Es dämmert in der Schluchten matter Wärme
Auf faulem Teich ein Regenbogenglanz,
Bei Schilf und Lattich heben Fliegenschwärme
Sich hoch im Tanz.

Die Zeit ist kurz. Die Liebenden umgreifen
Sich jäh in wilden Ängsten, dumpf und blind.
Nah ist der Herbst. Die Frucht will reifen, reifen,
Es ruht der Wind.

DIE FREMDE ERDE

Es sprach zu mir die fremde Erde:
Erwache endlich, sieh dich um, sei da.
Ergib dich mir, daß ich dir Heimat werde
Fern ist das Ferne. Aber ich bin nah.

Den süßen Ländern und den dunklen Meeren
Willst du noch immer angehörig sein.
Du siehst mich an, als blicktest du ins Leere
Du rührst mich an, als rührtest du an Stein.

Wie lange willst du von dem Gute zehren
Im Traume suchen die ersehnte Lust?
Schon lebst du von dem Blute meiner Ähren
Schon geht mein Atem hin durch deine Brust.

Die schönen Früchte kannst du nicht mehr fassen
Der reichen Küste Gabe, Öl und Wein
Du bist derselbe nicht, der sie verlassen
Nun bilde ich dich und du bist schon mein.

Du glaubst dich noch ein Gast am fremden Herde
Und draußen doch in Wolkenzug und Licht
Stirbt und erneut und wandelt sich die Erde
Und wandelte auch dich und läßt dich nicht.

IM STURM

Drei Tage und drei Nächte lang
Die Erde mit dem Sturme rang.

Es wiegten sich am Tag vorher
Die Möwen schreiend überm Meer

Und in der Nacht verschlang den Strand
Die Welle bis zum Dünenrand

Im Schaume trieben Stumpf und Ast
Und weiß Gott welches Schiffes Mast

Am Ufer flohen Strauch und Baum
Vom Sturm gepeitscht zum Waldessaum

Das Licht erlosch, es stand der Hain
Tief schwarz und wild im fahlen Schein

Und über Wald und Düne klang
Des Engels schrecklicher Gesang:

Wo ihr euch bergt, wohin ihr weicht
Ihr Mensch und Kreatur, erreicht

Euch Gottes Hand und Angesicht
So heute wie am Weltgericht ...

Drei Tage und drei Nächte lang
Die Stimme zu den Menschen drang

Es riß der Wind vom Munde fort
Das Lächeln ihnen und das Wort

Sie setzten sich zur Essenstund
Das Brot war Stein in ihrem Mund

Vorm Fenster trieb der bleiche Sand
Es brach das Glas in ihrer Hand

Das kleinste Wort stieg unbewußt
Rauh wie ein Schrei aus ihrer Brust

Und die zu lieben sich vermeint
Sie flohen sich wie Feind und Feind.

Und wie die Welle zieht und rauscht
Und Schein und Dunkel sich vertauscht

So wechselte in ihrer Brust
Die Todesangst mit Todeslust.

Jedoch des Engels Ruf verstand
Zu deuten keiner mehr im Land.

AM STRANDE

Heute sah ich wieder dich am Strand
Schaum der Wellen dir zu Füßen trieb
Mit dem Finger grubst du in den Sand
Zeichen ein, von denen keines blieb.

Ganz versunken warst du in dein Spiel
Mit der ewigen Vergänglichkeit,
Welle kam und Stern und Kreis zerfiel
Welle ging und du warst neu bereit.

Lachend hast du dich zu mir gewandt
Ahntest nicht den Schmerz, den ich erfuhr:
Denn die schönste Welle zog zum Strand,
Und sie löschte deiner Füße Spur.

LICHT DES OSTENS
Für Paul Maass

Ist die Zeit schon, daß die Schwalben jagen
Weiße Brust und blaues Flügelschlagen
Auf und nieder und dahin, dahin
Überm hellen Strom von Nemonien?

Mir auch brannten einst auf Stirn und Wangen
Steppenwinde, die von Asien sangen,
Durch die Nächte klang der Schiffe Schrei:
Alles dies ist ferne und vorbei.

Lange scheint es, daß ich dich verlor
Licht des Ostens, windumwehtes Land.
Lange, daß ich über Wald und Moor
Graue Kraniche im Flug erkannt.

SEMELE

Sie sah ihn einst. Und da er ihr so mild
Und wie ein Knabe spielend war genaht
Trug sie in sich wie einen edlen Fund
Das menschengleiche, menschenschöne Bild
Und sehnte sich nach seinem Leib und Mund.

Und als er endlich wieder zu ihr trat,
Bezwang sie nicht der Glanz, der ihn umfloß
Nicht seine Macht und herrische Begier:
Dem Bilde gab sie sich, das tief in ihr
Die Sehnsucht lange liebend schon genoß.

Dann kam er immer wieder und ihr war
Als wüchse er gewaltig Tag um Tag,
Bei seinem Nahn erzitterte ihr Herz.
Es klang sein Schritt wie Schritte einer Schar
Und seine Stimme tönte wie das Erz.

Und wenn er bei ihr lag und sie umschloß
War ihr, als trüge sie des Himmels Last
Und sie erschrak und wurde nicht mehr froh
Bis endlich sie sein göttlich Wesen faßt'
An diesem Tag verließ sie ihn und floh.

Und sie verbarg sich. Lächelte und sang
Und träumte von dem Kind in ihrem Schoß
Sie sah es einem schönen Knaben gleich
An ihrem Herzen ruhn sein Leben lang
Und wünschte es nicht göttlich und nicht groß.

Und als von seinem Schritt die Erde bebt'
Und Sturmesatem fuhr durch das Gebälk
Den Raum durchflog des Wetterleuchtens Schein,
Schloß sie sich in die finstre Kammer ein
Und sang dem Kind, das ihr im Leibe lebt.

Da drang es durch die Ritzen hell wie Tag,
Zerbarst wie Donnerschlag die morsche Wand,
Sprang, eine Flamme, und umschloß sie ganz:
Und so zum letzten Mal von ihm erkannt
Erglühte und verging sie schon im Glanz.

Ein bleiches Leben ward ihr noch gewährt,
Ein stilles Wandeln in der Finsternis,
Indes der Knabe göttlich ward und groß
Und trunken rasend, Flamme, Erz und Wind,
In Trauer und Gefahr die Besten riß –

Doch wußte sie nichts mehr von ihrem Kind.

DER TEPPICH DES LEBENS
Für Lonja

Im dunkeln Saale heb ich meine Hand
Zum Teppich auf, der rings die Wände deckt,
Der Faden, überall zum Kreuz gespannt,
Birgt ein Geheimnis, das mich oft bewegt.
Denn einer Masche gleich in den Geweben
Scheint unser Leben zwischen tausend Leben.

Es rühret an das Allernächste nur,
Ist wie ein Kreuz in sich zurückgewendet
Und ist doch einer großen Zeichnung Spur,
Die ferne eine Meisterhand vollendet.
Und ob wirs einzig und besonders meinen,
Muß es den andern dennoch gleich erscheinen.

Der Teppich ist sehr bunt und vielgestaltet,
Hier ist ein Antlitz ganz von Qual verzerrt,
Und nackte Leiber türmen sich erkaltet,
Und Fliehende entrinnen nicht dem Schwert.
Blut trägt der Bach durch seine grünen Auen
Und rings ist Krieg und nichts als Krieg zu schauen.

Doch schweift der Blick ins Ferne, so gewahrt
Er hier und dort manch friedliches Bemühen,
Ein fahrend Volk, zu Tanz und Spiel geschart
Und helle Feuer, draus die Funken sprühen.
Die tiefen Täler will der Mond erhellen
Und Liebende verweilen bei den Quellen.

Schön ist des Lebens Fülle ausgebreitet:
Das gelbe Korn, das schon der Schnitter mäht,
Der blaue Fluß, der durch die Wiesen gleitet,
Die Schiffe alle, segelüberweht.
Des Regens Sturz, des Himmels lichter Bogen,
Ein weites Land, umkränzt von Meereswogen ...

Was ist es, das an diesen Ort mich bannte
Und immer neu das Bild mich deuten ließ,
Da ich die Absicht nimmermehr erkannte,
Die solche Fülle schuf und leben hieß?
Ein Spiel der Schöpferkraft nur muß ich wähnen,
Ungleich gemischt aus Heiterkeit und Tränen.

So dünkt mich Schein und Finsternis verwirrend
Auch auf der Erde Angesicht gelegt
Und Menschen seh ich durch die Zeiten irrend
Von jedem Hauch getragen und bewegt.
Und doch erkenn ich Tag um Tag genauer:
Es wiegt die Freude schwerer als die Trauer,

Es strahlt die Sonne mehr als Schatten dunkelt
Und tausend Wipfel wiegen sich im Licht
Von Morgenglanz und Sternenschein umfunkelt
Um jenen einen, den der Sturm zerbricht.

Zum Lichte drängt das Reis mit jedem Triebe
Und tiefer wurzelt als der Haß die Liebe.

DER MOND

Wie wundersam erwacht
Die kaum entschlafne Welt,
Wenn in das Haus der Nacht
Der Schein des Mondes fällt.

O Auge, das nicht sieht,
Erloschener Trabant,
O weißer Kelch, entblüht
Der dunkeln Himmelswand.

Dein Licht beglänzt die Saat,
Der schwarzen Wälder Hut,
Und zittert wie ein Pfad
Auf der bewegten Flut.

Und wie in rascher Flucht
Die Wolken dich umwehn,
Erschimmern Land und Bucht
Und schatten und vergehn.

Wie oft schon, reines Licht,
Der Liebe zugesellt,
Hast du das Angesicht
Des Freundes mir erhellt.

Es fällt der Liebe Wort
Süß in die dunkle Zeit,
Wie Mondschein auf den Ort
Der Traurigkeit.

EINST

Noch sind der Berge viele und der Wälder
Unzählige, die uns vom Meere trennen,
Der Ernten viele sind noch einzubringen,
Der Beeren Fülle reifet noch am Strauch.

Doch kommt ein Tag, da wird das lang begehrte
Ein Staub und Spuk und will verlassen werden,
An allen Gärten ziehen wir vorüber
Und heischen nichts mehr als den Wandergruß.

Dann nimmt das Meer uns auf und glänzt und funkelt
So schön wie je am Morgen aller Tage
Und trägt uns hin auf seinen bittern Fluten
Zur langen Fahrt, zur Nimmerwiederkehr.

Die Lieder singen schöner uns die Wellen,
Die lang gesuchten Worte wehn im Winde,
Und eine Welt der Sterne glänzt allnächtlich
Und rührt sich leise, wenn der Mastbaum schwankt.

GOTTES TRAUER

Wie hab ich dich so schön gebildet einst.
Wie gingest du hervor aus Nebelfluten
Mit schmalen Hüften und gewandten Leibes,
Das Antlitz von der Lockenwand erhoben,
Die Ahnung eines Lächelns um die Lippen:
So spieltest du in meinen schönen Gärten,
In meinen Hainen zwischen Meer und Meer.

Wie bist du schnell gealtert in der Zeit.
Schon wohnt die Schlange mit in deinem Hause,
Die Einsamkeit in deinem kargen Herzen,
In deinem Leibe tödliches Gebrechen.
Und ist doch kaum ein Augenblick vergangen,
Und noch dieselben sind die schönen Gärten
Und meine Haine zwischen Meer und Meer.

IM KRIEGE

Schlafe noch, ruhe, Kind,
Ehe die Nacht verrinnt
Lautlos im Schatten der Mulden,
Ehe dein Herz erkannt,
Was von des Menschen Hand
Menschen erdulden.

Trinke der Träume Wein,
Ehe der Morgenschein
Glänzt auf den Blättern der Weiden,
Eh du zu deuten weißt,
Was von des Menschen Geist
Menschen erleiden.

Iß von der Liebe Brot,
Ehe die Sonne loht
Flammengelb hinter den Toren,
Ehe der Tag dir beut
Speise von Haß und Leid,
Weil du im Kriege geboren.

DANN SEI GEÜBT IM TRAUM ...

So fest sind Haus und Herd nicht wie sie waren,
Und Heimatboden wiegt so leicht wie Staub.
Die Erde bebt vom Schritt gequälter Scharen.
Die reichen Städte sind der Flammen Raub.

Und selbst das Wort. Der Dichter Lob und Klage,
Des Geistes unermüdliche Erhebung,
Es tönt nicht mehr im dumpfen Gang der Tage,
Und spottet der unsäglichen Bestrebung.

Wie lang und auch dein Haus gerät ins Wanken,
Wie lang und auch dein Werk erfährt Zerstörung.
Dann ist die Zeit, da Träume und Gedanken

Gereinigt steigen aus den Fieberschauern.
Sei fest im Hoffen. Stark in der Beschwörung.
An Liebe reich. So wirst du überdauern.

DIE WIRKLICHKEIT

Kannst du schlafen, Lächelnde, noch immer?
Willst an meiner Brust der Zeit entfliehen?
Siehst du nicht des Nachts im kalten Schimmer
Meereswellen voll von Toten ziehen?

Siehst du Feuer nicht vom Himmel regnen?
Leugnest du den Schrei gequälter Brust?
Muß dir tausendfach der Tod begegnen,
Ehe du der Wirklichkeit bewußt?

Laß mich ruhen, Liebster, laß mich bleiben.
Selber muß ich mit den Wellen treiben,
Selber muß ich brennen, kommt die Zeit.

Heute nur mit jedem meiner Sinne
Werd ich tiefer deines Wesens inne.
Dieses ist die Wirklichkeit.

DIE EWIGKEIT

Sie sagen, daß wir uns im Tode nicht vermissen
Und nicht begehren. Daß wir, hingegeben
Der Ewigkeit, mit andern Sinnen leben
Und also nicht mehr voneinander wissen.

Und Lust und Angst und Sehnsucht nicht verstehen,
Die zwischen uns ein Leben lang gebrannt,
Und so wie Fremde uns vorübergehen,
Gleichgültig Aug dem Auge, Hand der Hand.

Wie rührt mich schon das kleine Licht der Sphären,
Das wir ermessen können, eisig an,
Und treibt mich dir ans Herz in wilder Klage.

O halt uns Welt im süßen Licht der Tage,
Und laß solang ein Leben währen kann
Die Liebe währen.

LOB DER SINNE

Zu denken, daß dir einst der Früchte Kühle,
Der herbe Duft des Weins wie heute mundet,
Daß deine Hand im selben Lustgefühle
Sich um die reine Form der Kugel rundet,

Daß deine Augen im Geflecht der Moose,
Im Wellenspiel dasselbe Glück ermessen,
O Ewigkeit der Sinne, denen Rose
Für immer Rose bleibt, ob auch indessen

Die Gärten schwinden und der Tag gewaltsam
Das freudige Haupt dir tief und tiefer zwinge.
Es wachsen neue Kräfte unaufhaltsam

Zum Herzen Dir aus dem Bereich der Dinge.
Und schauend, lauschend ahnst du in der Zeit,
Der wandelbaren, die Beständigkeit.

DIE WORTE

Wußten wir in sorgenlosen Zeiten,
Unbestimmt von Schmerz und Lust erregt,
Um den bittern Kern der Wirklichkeiten,
Welchen jedes Wort zuinnerst hegt?

Wie ist alles Fühlen und Begehren
Nun mit eins den Sinnen so verwandt.
Trennung meint den Raum und Not Entbehren,
Hoffnung weiß um ihren Gegenstand.

Furcht ist nicht ein unbestimmtes Wähnen,
Schmerz bemißt ein Übermaß an Tränen,
Und Gefahr ist tödliche Gefahr.

Auch die Liebe, zitternd Mund an Munde,
Sinkt zum Grunde, bis zum Grunde
Macht ihr Wesen offenbar.

MASS DER LIEBE

Wie du mir nötig bist? Wie Trank und Speise
Dem Hungernden, dem Frierenden das Kleid,
Wie Schlaf dem Müden, Glanz der Meeresreise
Dem Eingeschlossnen, der nach Freiheit schreit.

So lieb ich dich. Wie dieser Erde Gaben
Salz, Brot und Wein und Licht und Windeswehen,
Die, ob wir sie auch bitter nötig haben,
Sich doch nicht allezeit von selbst verstehen.

Und tiefer noch. Denn auch die ungewissen
Und fernen Mächte, die man Gott genannt,
Sie drangen mir zu Herzen mit den Küssen,

Den Worten deines Mundes und die Blüte
Irdischer Liebe nahm ich mir zum Pfand
Für eine Welt des Geistes und der Güte.

NACH DEM HOCHWASSER

So hoch stieg nie der Strom. Zerstörung hauste
So furchtbar nie. Doch auch der Frühling war,
Der nach den Wassern kam und sang und brauste,
Nie so voll Ahnung wie in diesem Jahr.

Will nicht im Herzen Gleiches sich begeben?
Ein Mahlstrom, schrecklicher als Wassernot,
Geht über uns dahin und jedes Leben
Vollzieht sich wie im Innersten bedroht.

Und ob auch Länder einst im Licht erstehen,
Hinaufgesaugt vom großen Windeswehen,
Ob Sterne wieder durch den Himmel ziehen,

Und Menschen an den jungen Ufern knien
Vor Freude lächelnd und vor Tränen blind:
Wir wissen nicht, ob wir darunter sind.

RÜCKKEHR

I

Glaube nicht, der Sommer sei gestorben,
Weil jeder junge Tag dir alt erscheint;
Vom Hauch der Trauer jede Frucht verdorben,
Und dein Gefühl, kaum angeregt, versteint.

O kehre in das Tal des Ursprungs wieder,
Das weit geschwungene, daß sich enthülle
Den Strom hinauf, das Waldgebirge nieder,
Der Zauber seiner unbegrenzten Fülle.

Indes die Trauben dort sich braun umspinnen
Reift noch die Beere tief im Tannendicht;
Es scheint der Herbst ein seliges Beginnen,
Der Abend noch ein Übermaß von Licht.

Und eh du dich im Einzelnen gefunden
Hat schon das All dich tausendfach gebunden.

II

Denn jedes Leuchten, das im Wald gewittert,
Und jedes raschen Wassers wilder Ton,
Und jeder Tropfen Tau, der glänzt und zittert,
Gehört dem einen, dem verlorenen Sohn.

Sein ist die Ernte und die Zeit der Feste;
Er und die Toten dürfen müßig sein,
Und sind doch jedes reichen Tisches Gäste,
Und trinken doch zuerst den jungen Wein.

O glaube nicht, der Sommer sei zu Ende,
Weil du Bewegung nur im Traum verspürt.
Wie manche Nacht hat nicht den Stern der Wende
Schon prächtig unverhofft heraufgeführt.

Dann fandest du, ins Ganze tief verwoben,
Nicht Wort genug, zu lieben und zu loben.

EINES TAGES

Es ist kein Garten so fernab gelegen,
Daß nächtens nicht der wilde Schrei der Welt
Gleich einem wunderbaren Feuerregen
Vernichtend auch auf seine Saaten fällt.

Und keinem ist der Kreis so fest gezogen,
Daß eines Tages nicht ein wilder Geist
Ihm mit der Urgewalt der Meereswogen
Furcht und Erbarmen aus dem Herzen reißt.

Ein wölfisch Wesen springt aus Lammesmienen,
Und keiner lebt, der nicht in sich entdeckte
Ein fremdes ungeheures Element.

Und weil er lebt, muß er dem Chaos dienen
Und einem Neuen, das die Zeit erweckte,
Und dessen Sinn und Ende niemand kennt.

ABSCHIED AM ZUG

Ich sah euch so: Durch einer Scheibe Glätte
Einander zu die blassen Stirnen neigend.
Ein Schrei der Not, ein letztes Schluchzen hätte
Das Glas zerrissen. Doch ihr standet schweigend.

Und, unverwandt die kindlich stillen Züge
Dem Bittern aufgeschlossen bis zum Grunde,
Und sehr bedacht, daß nicht ein Lächeln trüge
Die schöne Täuschung euch von Mund zu Munde,

Daß nicht des Schicksals heilige Erscheinung
In Bangigkeit und kleinen Trost zerrieben
In einem Augenblick zuschanden werde

Bewahrtet ihr des Abschieds tiefste Meinung
Und legtet alle Hoffnung, alles Lieben
Nur in die letzte, zärtliche Gebärde.

DAS LABYRINTH

Traumgärten spielerisch sich zu verirren
Ersannen wir und liebten ihre Schatten,
Und waren stolz die Fäden zu entwirren,
Die wir erfinderisch verschlungen hatten.

Von andrer Art sind nun die Labyrinthe
Und gleichen Gärten nicht und Heckenwegen,
Und lächelnd tritt uns nicht im Laubgewinde
Der Liebste hier und dort der Freund entgegen.

Nur eines ist gemeint. Hindurchzufinden.
Nur eine Richtung und nur eine Kraft,
Und um uns her müht eine Schar von Blinden

In unterweltlich drängendem Bestreben
Mit Stoß und Schlag und Schrei der Leidenschaft
Sich um den einen Ausweg: Um das Leben.

DIE WOLKE

Hörst du den alten Gotteszorn sich regen?
Ein schwarzer Lavastrom aus Feuertiefen
Will alles Blühende in Asche legen;
Und ob wir auch mit Engelszungen riefen,

Geläng es nicht das Grauen zu beschwören.
Die dunkle Flut des Unheils lenkt kein Stab.
Es will die Zeit der Finsternis gehören,
Und alles Lichte sinkt mit ihr hinab.

Das Schöne ist ein Hauch; weh um das Schöne,
Weh um die zarten, um die reinen Töne.
Sie müssen alle dunkeln und vergehen.

Und Sehnsucht lockt, und Liebe liebt vergebens,
Und um den blühend reichen Berg des Lebens
Wird eine finstre Wolke lange stehen.

ZUKUNFT

Endlich sagt euch los vom Grauen;
Zwar in Asche sinkt die Welt.
Doch Geschlechter werden bauen
Was vor unserm Blick zerfällt.

Ehe noch des Unheils Ende
Und ein neuer Stern erschien
Muß im Herzen sich die Wende,
Muß ein Wille sich vollziehn.

Nur Geglaubtes läßt sich finden,
Nur Gewißheit wird den Stein
Heilger Kräfte neu entbinden.

Stund um Stunde sind verkettet:
Ehe uns die Zukunft rettet,
Müssen wir die Zukunft sein.

GEDULD

Geduld. Gelassenheit. O wem gelänge
Es still in sich in dieser Zeit zu ruhn,
Und wer vermöchte die Zusammenhänge
Mit allem Grauen von sich abzutun?

Zwar blüht das Land. Die reichen Zweige wehen,
Doch Blut und Tränen tränken rings die Erde
Und in der Tage stillem Kommen, Gehen
Verfällt das Herz der tiefsten Ungebärde

Und ist des Leidens satt und will ein Ende
Und schreit für Tausende nach einer Frist,
Nach einem Zeichen, daß das Kreuz sich wende.

Und weiß doch nicht, mit welchem Maß der Bogen
Des Unheils über diese Welt gezogen
Und welches Schicksal ihm bereitet ist.

STROM DER ZUVERSICHT

Kommt ein Sommer, da das Sensenläuten
Und das Korn, das tief in Reihen fällt,
Und die Blitze nicht den Tod bedeuten,
Der allmächtig seine Ernte hält.

Kommen lange Winter wieder, stille
Nächte, die kein Feuerlärm zerreißt,
Tage, Jahre, die ein sanfter Wille
Ruhig dauern, ruhig gehen heißt.

Steht im Westen noch ein rotes Glühen
Wie von Untergang und Blutgericht,
Glüht es doch für alle Zeiten nicht;

Wind will wehen, Rosen wollen blühen
Mit der Hoffnung heiligem Bemühen
Wecken wir den Strom der Zuversicht.

JETZT IST NICHT ZEIT ...
Für Otto Zoff

Jetzt ist nicht Zeit, Reliquien zu hüten
Und still mit Kinderlocken umzugehen,
Das weiße Kleid, den Kranz von Myrthenblüten
Sah ich gespenstisch durch die Flammen wehen.

Der ew'gen Lampen glühendes Vermächtnis,
So lang gehegt in heiliger Bewahrung,
Ward ausgelöscht und Auge wie Gedächtnis,
Erinnern nur die tägliche Erfahrung.

Und dennoch abseits der verlornen Güter
Und unberührt von Schrecken und Gefahren
Übt noch in jeder Brust ein dunkler Hüter

Das alte Herrscheramt und wägt und trennt
Und zählt die Stunden, die voll Liebe waren
Und sammelt einen Schatz, der nicht verbrennt.

NICHTS UND ALLES

Nichts scheint so traurig wie das halb Verschonte,
Die Kammern unterm Himmel aufgerissen
Und Bett und Wiege drin die Hoffnung wohnte,
So abgetan wie ärmliche Kulissen.

Und alle Dinge in des Lichtes Blöße
Ein Staub, noch ehe sie zu Staub zerrieben
Und in der Wolken nachbarlicher Größe
Das Liebste fremd und unwert, es zu lieben.

Wohin entfloh die Zärtlichkeit der Hände,
Der Tränen Glanz, die Lust des Augenblicks?
Es geht ein Sturm und nimmt uns vor dem Ende

Die schweigenden Gefährten des Geschicks,
Damit wir uns als Flüchtige erkennen
Und fürder nichts und alles unser nennen.

DER MENSCH

Der Mensch ist einmal alles, einmal nichts. Zuweilen
Herr seines Schicksals, stolzer Wagenlenker,
Mit der Gedanken Flug die Bahn ermessend
Und noch im Sturze riesig. Und zuweilen
Ein Körnchen Flugsand, aufgescheucht vom Sturme,
Ein Tropfen Regenflut ins Meer verloren.
Und ob er gleich sein auferlegtes Schicksal
Bestehen muß von Tag zu Tag, die Freude
Und aller Schmerzen Wiederkehr und Abschied
Und Not und Angst und alles ausgeprägter
Ins Tödliche, er wird nicht abgesondert.
Denn Zeiten sind, da ist das Ungeheure
Ein täglich Brot und wessentwegen einer
Ein großer Dulder sonst und Held gewesen,
Das hat nicht Widerhall in so gewaltger
Erschütterung der Luft und seiner Leiden
Ist keine Spur auf so bewegter Flut.

Doch mag es sein, daß einst dem stillen Wandrer,
Der das Vergangene bedenkt, die Schatten
Der Namenlosen aus der Tiefe steigen
Gleich einem Rauch, der allerorten wallt,
Und wächst und wird zur einzigen Gestalt,
Die in die Ewigkeit hinübertritt
Als ein Gerechter, der Gewalt erlitt.

WIE NIE — WIE IMMER

Das nie Geschehene geschieht. Ein Regen
Des Todes fällt vom Himmel. Menschen weichen
Gleich Fackeln brennend. Grab ist nicht für diesen
Ruhm nicht für jenen. Anspruch ohnegleichen
Ist jeder Tag und jeder ungemein.
Und tönt so laut, erschüttert so gewaltig
Wie nie, wie nie, wie nie und tausendfaltig,
Und geht doch auch dahin und da wirs inne
Geworden kaum, erstarren schon die Sinne
Und wollen blind und taub und schlafend sein.

Indessen gehen noch die alten Winde
Zur Nacht im Wald, wie immer, ach, wie immer.
Das Blütenblatt der Winterrose kräuselt
Sich sanft im Übergang. Die Saaten keimen,
Der Ahorn bildet, eh die Blätter fallen,
Die Knospen schön und fest und lang erfahren.
Es wirkt der Frühling mächtig im Geheimen,
Und Zukunft ist, noch eh wir sie gewahren.

»1943«

Wo sind die Zeiten,
Da wir entschieden
Uns Krieg und Frieden,
Da unser Ruf
Sich Engel schuf
Mit uns zu streiten.
Wo sind die Zeiten?

Das kühne Herz,
Der freie Geist
Muß sich bescheiden,
Und muß verstehen was es heißt
Die Welt erleiden.

Und warst du einst
Den Vögeln gleich;
Die ganze Welt
Dein freies Reich,
Du mußt hernieder.

So eng die Welt
Um dich gestellt,
So karg das Brot,
So nah der Tod,
Du mußt hernieder.

Nun ist das Ding
Ein furchtbar Ding,
Die Nacht ein Schrecken.
Wir wollen von innen
Wieder beginnen
Das Licht zu wecken.

GELASSENE NATUR

Was kümmert dich, Natur,
Des Menschen Los?
Du hegst und achtest nur
Die Frucht im Schoß.

Nicht störet deine Ruh
Der Lärm der Schlacht;
Nicht weinst und wachest du
Mit dem, der wacht.

Dein Ohr vernimmt es kaum
Das bittre Weh.
Es blüht dein Blütenbaum
So schön wie je.

Manch armer Leib verwest
Lebendig tot,
Indessen du begehst
Das Abendrot.

Dir kann es gleichviel sein,
Wer wen erschlug;
Wie gehen in dich ein,
Das ist genug.

VERGÄNGLICHKEIT

Ist keine Zeit so arge Zeit
So tief ist keine Traurigkeit,

Daß nicht geheime Lebenskraft
Den Menschen sich zu Willen schafft.

Ob Feuer ihm das Haus verdarb,
Er ruht nicht, bis er's neu erwarb.

Ob Not ihn aus der Heimat trieb,
Die fremde Erde wird ihm lieb.

Ob seinen Sohn die Kugel traf,
Er weckt sich andre aus dem Schlaf.

Ja, wenn man ihm das Herz zerbricht,
Er fühlt es nicht und weiß es nicht,

Weil unentwegt und unentwegt
Der Puls des Lebens weiter schlägt.

Und doch im Herbst ein kühler Hauch,
Ein fremdes Lied, ein bittrer Rauch

Genügt, daß seine ganze Welt,
Die blühende, zu Staub zerfällt.

DER SCHRITT UM MITTERNACHT

Hörst du den Schritt um Mitternacht,
Der Toten, die sich aufgemacht?

Das Land, das ewig Frieden hat
Ist nicht mehr ihre Ruhestatt.

Die Liliengärten liegen brach,
Und als ein Kreuz und Ungemach

Ein Pfad, der in den Abgrund weist,
Ein Sog, der in die Tiefe reißt,

Ein Feueratem überm Moor,
Ein Schrei nach Blut, ein Schlag am Tor,

Ein Griff, der nach der Kehle drängt,
Ein Jammer, der das Herz zersprengt:

So sind sie uns gesendet.
Weh, wie das endet.

TAG DES FRIEDENS

Wenn der Tag des Friedens naht,
Kommt er nicht mit Taubenflügeln,
Nicht mit Flöten von den Hügeln,
Streuet nicht die goldne Saat.

Nein, als eine schrecklich leere
Todesstille tritt er ein,
Und die Schiffe auf dem Meere
Werden wie verloren sein.

Denn Gefahr war uns geheuer.
Und wir kannten ihre Regeln,
Und den Sturmwind in den Segeln,
Und des Todes Hand am Steuer.

Aber wenn das Brausen endet
Sind wir jeder Kraft beraubt.
Unsre Augen sind geblendet,
Unsre Ohren sind ertaubt.

Alle Wege heimatwärts
Sind geheimnisvolle Ferne,
Ungewiß die alten Sterne,
Rätselhaft des Freundes Herz.

IM SCHLAFE

Hände, die getötet haben,
Wollen nach dem Schatze graben,
Häuser bauen, Bilder weben,
Kinder auf die Kniee heben,
Rühren sich im Schlafe ...

Füße, die in Eis erstarrten,
Suchen nach dem Apfelgarten,
Wandern längs der Flußgestade,
Hügelauf die Rebenpfade,
Weiten Weg im Schlafe ...

Lippen, die Erbarmen schrieen,
Formen sanfte Melodien,
Flüstern nächtelang geheime
Lebensworte, Liebesreime,
Glühende, im Schlafe ...

Augen, die den Tod ermessen,
Wollen Krieg und Not vergessen,
Bild um Bild der Lust beschwören,
Tausendfach der Welt gehören,
Heute Nacht, im Schlafe ...

HERNACH

Einst wird sein, daß dieses wilde
Wetter auch zu Ende geht,
Daß ein Abend voller Milde
Über diesen Tälern steht.

Wenn die Heimgekehrten teilen
Still mit Weib und Kind das Brot,
Und die Alten friedlich weilen
Vor der Tür im Abendrot.

Ja, dann werden Früchte reifen,
Ruhig nach der Zeit Gebot;
Liebe wird zu Liebe schweifen,
Allerwege unbedroht.

Wo vordem der Schrecken wohnte,
Und die Furcht die Geißel schwang,
Wo der schauerlich gewohnte
Warnruf nächtelang erklang

Werden Städte wieder glänzen,
Licht bei Licht, ein heller Saal,
Hochzeitlich in Blumenkränzen
Finden Gäste sich zum Mahl.

Freudenfeuer werden brennen,
Himmelauf im sanften Wind. –
Zitternd werden wir erkennen,
Daß wir dennoch sterblich sind.

GROSSE WANDERSCHAFT

I

Im dunkeln Abteil Mensch an Mensch gezwängt
Brust gegen Brust und Fleisch an Fleisch gedrängt
Der fremde Atem mit dem eignen Hauch
Zu eins vermischt, und Brodem Schweiß und Rauch
Und nun ein Licht und wieder Dunkelheit
Und nur die Stimmen. Hin und her gehetzt
Ein Weberschiff, das durch die Kette wetzt
Und webt den Stoff voll Bitterkeit und Kraft
Legende einer großen Wanderschaft
Gespräch der Zeit...

II

Die Züge, Fähren, Obdachlosenheime
Die Straßen kreuz und quer, landein, landaus
Sind voll davon. Und überall das Eine:
Von Etwas fort, zu Etwas hin. Nach Haus.
Und mag auch das Zuhause mehr nicht meinen
Als den verkohlten Rest von Holz und Steinen,
Ein Menschenantlitz, zitternd und bewegt
Ein Feld im Winterlicht. Ein Bündel Dinge
Am Wege irgendwo zurückgelegt –
O stille Kraft der Wandervogelschwinge
Mit der ein jeder seinen Ursprung sucht
Und ist vor lauter Schrecken auf der Flucht
Und birgt das schwere Haupt im Mantelschwung
Und denkt bald Zukunft, bald Erinnerung.
Aber inmitten des Weges, was ist's?
Was ist unterwegs?

III
Lies die stummen Lebenszeichen
Wandernder, die hier gerastet
Namen, die im Taglicht bleichen
Hand, die still ins Leere tastet
Botschaft, mit Bedacht gelesen:
Der und der ist hier gewesen.
Und obschon sie niemand kennt
Jeder ist ein Licht, das brennt
Ist dem Untergang zum Raube
Noch ein Schritt, der sich erhebt
Der im Staube, ach im Staube
Weiterwandert. Aber lebt.

IV
Und sieh die Wartenden in den Asylen
Schutzräumen noch voll Bombenangst und Schrei
Noch immer unterirdisch. Diese vielen
Gebückt und ausgestreckt, verkrümmt vom Tragen
Schlaflos im ewig wandernden Vorbei
Der fremden Füße. Sehr von Gott geschlagen
Und heimgesucht von ungezählten Plagen
Und doch in ihres Elends Mißgestalt
Noch Spielende. Da sich ihr Gram erhebt
Und wie zur Kugel meisterlich geballt
Von Mund zu Munde hin und wider schwebt
Niemals verfehlt im Schwung und ohne Schwere.
Und Winzern gleichen sie, die aus der Beere
Der tödlichen sich einen Saft gepreßt
Der voll von Bitterkeit sie stärkt und labt
Und Trunkenen, mit Aberwitz begabt
Fastnächtlich Tanzenden. So hin und her,
So Wort für Wort. O grauenvolles Fest –

V
Was ist die Quelle Eures Lachens, wie
Kommt es, daß Ihr nicht schweigt
Da doch unendliche Melancholie
Von den trostlosen Wänden steigt?
In der Tiefe eines Augenpaares
Sah ich eine Ferne, traumerwacht
Eine Flucht von schönen Sälen war es
Licht und Klänge lieblich ausgedacht –

VI
Doch Traum ist nicht. Allüber ein Verändern
Das ist schon tief in uns hineingesunken
Und wohnt in diesen unbefahrenen Ländern
Des Innern als ein übergroßer Gast
Aufstörend viel. Drum sind am meisten trunken
Die ganz Versehrten, jedes Dings Beraubten
Die Gliederlosen, Blinden, Totgeglaubten
Leiblich verändert und im Kern betroffen
Und sehr im Leeren stehend. Aber offen.

VII
Offen wofür? Wofür? Zu welchem Ende
Die Brüderschaft? Dies schwere Lastentragen
Die harte Mühsal der verkrampften Hände
Dies Krümmen, Bücken, Immerweiterwollen
Die Schläfenadern schrecklich angeschwollen
Der Atem kurz, die Schultern aufgerieben
Und Kinder, schon gebeugt vom Karrenschieben
Mit Armen affenlang und Blicken stier
Vom ersten Tage an der Not verpflichtet –

War nicht des Menschen Gang einst aufgerichtet
Und unterschied ihn dieses nicht vom Tier?
Jetzt geht er tief im Joch. Ein Zerrbild nur
Und weniger als jede Kreatur.

VIII

Der Mensch? Ach nicht der Mensch. Nur wir. Nur hier.
Sieh doch wie glatt und rasch die Züge rollen
Dort übersee. Dort schöpfen aus dem Vollen
Noch Glückliche. Enkel der Pioniere
Roder des Urwalds, Bändiger der Tiere
Und tragen in sich mächtiges Gelingen
Von großen Werken, Riesenbauten, Brücken
Von tausend hand- und geistgeschaffnen Dingen
Und wissen nichts von Weltangst, Schuld und Trauer
Von Zwielicht, Dämmerung und Todesschauer
Und sind voll Sicherheit, die trägt und hält.
Schon dort ists anders. Wir sind nicht die Welt.

IX

Und doch. An uns wird offenbar
Was überall schon heimlich war.
Das Ding zerbricht, das Haus zerfällt
Das heißt, daß uns kein Arm mehr hält.
Verirrte Schar, verfolgt, gehetzt –
Seit langem sind wir ausgesetzt.
Auf sich gestellt der Kinder Los –
Wie fern sind wir dem Mutterschoß
Asyl nur bis zum Hahnenschrei –
Die Zeit der Heimat ist vorbei.
Ein Krüppel der und jener blind –
Wie lange, daß wir Bettler sind.
Verstoßen und kein Dach das schützt
Versehrte und kein Stab der stützt

Von jedem reichen Element
Vom Quell des Lebens abgetrennt
Verlorene –

    X

Verlorene. Aber an wen,
An wen verloren?

    XI

So scheint es: an den Tod. Denn viele sterben
Am Rand des Wegs. Am fremdesten der Orte
Und niemand weheklagt und steht verwaist
Leidtragend, schwarzgekleidet an der Pforte
Der andern Welt, die Erde ist und Geist.
Keiner besinnt den Toten. Sein Gebaren
Als Kind, als Knabe, wie er jauchzend lief
Und sah ihn schwerer werden mit den Jahren
Und wußte wie er aß und trank und schlief
Wie er die Äpfel, die besonders roten
Mit welchem Wort den Kindern angeboten –
Dahingegangen ist ein alter Mann.
Zum Sterben war kein Bett ihm hergerichtet,
Niemand hat ihn bei Namen noch genannt.
Doch flammend hat das Rot des Abendlichtes
Wie einen Felsen sein Gesicht erhellt.
Schneefeuchte Blätter hat im Niederfallen
Wie Kinderlippen seine Hand berührt.
Baumriesen waren ihm ums Haupt gestellt
Urväter. Lehrer.
Er war eins mit dem Allen.
Es stirbt sich nicht schwerer.

XII
Wir sind verloren an das All
An den Kehricht, die Asche, den grauen Verfall
An die Furcht, an die Krankheit, den Beinahe-Tod
An die Menschen im Hunger, die Menschen in Not
An Blicke, die geizen und gieren.
An den Griff, den erbarmungslos würgenden Griff
Schiffbrüchiger auf dem versinkenden Schiff
An den Ausdunst wild wie von Tieren –
An das Wetter, das jähe den Schlafenden droht
An den Sturm auf der Brücke, das Wasser im Boot
An den eisigen Regen, der Flüchtige hetzt
An den Zweig, der die Kleider des Armen zerfetzt
An den Schnee, der die schützende Hütte verweht
An das Licht, das gewaltig zu Häupten uns steht
An die Sonne –

XIII
Ja, auch an sie. Und mit glühenden Blicken
Mißt sie, der tief sich des Dunkels bewußt.
Heftiger, voll von geheimem Entzücken
Reißt der Verlorene die Welt an die Brust.
Ihn rührt das Süße mehr. Ihm ist gegeben
Wald zu erfahren und Ströme und Land
Voll von urkräftig gefährlichem Leben
Das nur der Schüler des Unheils erkannt ...

XIV
Darum, Ihr wandernd vom Fallen der Blätter Betrübte
Hungernde Dürstende Frierende Elendgeübte
Eilet nicht –
Trachtet nicht allzufrüh anzukommen am Ziele
Achtet die Zwischenzeit hoch. Denn die Zeit ist das Leben
Auch die verlorene, nirgends verzeichnete

Diese vor allem. Und Weh überkommt Euch
Allzufrüh angelangt. Ungeduld große.
Tränen beim kleinen vergeblichen Pochen der Hämmer
Ungeduld große.
Rund ist der Himmel zu Häupten des Wandernden. Heller
Sind überm Bahndamm die Sterne. Der Fluß ist ein Rauschen
Sonne im Nebel ein wildes verborgenes Feuer
Schön ist die Fremde. Und all das Vorläufige eilt noch
Flüchtigen Fußes dahin als ein Engel der Botschaft.
Später jedoch, in den Städten, ist's anders. Enttäuschung
Lauert und Furcht und ein schrecklicher Mißmut
Über die halb nur vollendete Arbeit des Unheils.
Ungeduld lauert, ein Wunsch nach vollkommner Zerstörung.
Auslöschung, Austilgung, Ende, dem Ende von Allem.
Ach und der Zorn, der sein Feuerhaupt hob in den Reihen
Manchmal der Wandernden, dort ist er älter und ärger
Haß zwischen Jedem und Jedem, und nirgends mehr löscht ihn
Göttlich das Lachen ...

XV
Darum Betrübte Ihr
Elendgeübte Ihr
Hungernde Frierende
Ewig Verlierende
Eilet nicht –

XVI
Wanderung, Wandlung, dieses
Eine ist gewiß:
Die Gärten des Paradieses
Die Täler der Finsternis
Sind nicht so weit entfernte
Länder wie wir geglaubt
Und nicht jeder Ernte

Stehen wir beraubt.
Tief in der Unrast Zonen
Eh wir die Furche ziehn
Ehe wir bauen und wohnen
Gehen wir so dahin
Fast wie ungeboren
Fast wie ohne Schuld
Keinem Ding verschworen
Wartend in Geduld ...
Und lauschen der Stimme des andern
Tages, der in uns beginnt
Und hören nicht auf zu wandern
Bis wir verwandelt sind.

RÜCKKEHR NACH FRANKFURT

I

Sage, wie es begann.
Wie sah sie dich an
Aus ihren erloschenen Augen,
Die Stadt?
Und was sagte der Mund,
Dieser zerrissene Mund,
Erwachend, was sprach der Mund?
Und wie hörtest du's klingen
Dir unterm Fuß
Aus den versunkenen Dingen?

Und der Fluß – der Fluß?

II

So hat es angefangen
Wie es für jeden beginnt.
Ich bin in die Schule gegangen,
Aber nicht als Kind.
Ich bin über den Schulhof gegangen
Da war in der Ecke
Die alte Schnecke,
Das Labyrinth.
Da warfen sie Steinchen und sprangen.
Aber ich war kein Kind.

Und oben waren die Kartenstellen.
Da mußte ich mich zu der Schlange gesellen,
Da war ich ein Stück von dem Leibe,
Von dem Tausendfüßler, dem Notgezücht,
Das über die Treppen und Flure kriecht
Und müht sich um Nahrung und Bleibe.

Und der erste ist Maul und der letzte Schweif
Und immer wieder wird einer reif.
Aber die in der Mitte
Sind nichts als Tritte,
Tritte im tiefen Sand.
Und ich stand –

Stand wie verloren und sah
Den Gang mit Tischen begrenzt.
Über den Sparren, wie nah!
Hat der Himmel geglänzt
Und am Fenster hat einer die Hände gerührt
Und den Hobel über die Bretter geführt
Und die Finger gestreckt und geballt.
Das war ein Schwung aus dem Handgelenk,
Da war ein Tun wie ein Gottesgeschenk,
Und er war so allein wie im Wald.

Doch das Tier hat plötzlich geschrien,
Glied gegen Glied sich gewandt.
Hundert Stimmen haben geschrien:
Warum sind wir nicht verbrannt,
Warum sind wir nicht erschlagen,
Wir brauchten nicht stehen und stehen
Um Essen und Kleider und Schuh,
Um Kohle an Wintertagen,
Wir wären mit allem versehen,
Mit Kammern und ewiger Ruh –

Aber keiner hat sich ganz gefallen
In der bitteren Versündigung,
Und es war ein Lächeln über allen,
Weil die Kinder noch im Hofe gingen,
Und man hörte sie im Hofe singen

Ihre freundliche Verkündigung.
Und man ahnte ihrer Knie Neigung,
Ihrer Arme liebliche Verzweigung,
Sah sie wandern, sich bücken
Unter den goldenen Brücken –

III

Das wußte ich nicht, wie bald
Ruinen verwittern,
Wie sie, noch eh die Gestalt
Vergessen ist und die Namen
Ausgelöscht, sich besamen,
Wie die Gräser wehen und zittern
Über dem Bogen und drin
Zinnkraut und blühende Halme
Stehn wie am Urbeginn.
Und wie schnell das alles verschwunden,
Verrottet, verfilzt, verweht,
Was der Mensch erfunden,
Mittel und Gerät,
Und wie gleich dem Moos der Äste,
Verklammert und verpecht,
Hängen im Leeren die Reste
Von Stiege und Drahtgeflecht,
Und wie am Abend, lange
Nachdem schon das Licht verglüht,
Die Ziegelwand über dem Hange
Wie Rosen blüht.

IV

Es wird uns nicht alles bereitet.
So ist's nicht, daß einer sagt:
Treten Sie bitte zur Seite,
In den Stadtwald vielleicht oder weiter,

Warten Sie, bis es tagt.
Und inzwischen kommen Giganten,
Stählern auf Raupe und Rad,
Und pressen aus Tuben und Kanten
Uns eine fertige Stadt,
Und führen uns an die Essen
Und kochen die Zukunft uns gar,
Und lassen uns alles vergessen
Was war.
Es muß wohl so sein, daß die Pfade
Noch lange verworren ziehn,
Über Buckel und seltsame Grade,
Über die Toten hin.
Und daß auf den Abend die Knaben
Umherirren ohne Verbleib,
Und vertauschen, was sie noch haben
Und ihrer Schwester Leib.
Und daß sich viele betrüben
In bitterer Ungeduld,
Und wollen nichts als sich lieben,
Und geben sich nichts als die Schuld.

Und daß noch mancher zu Tod geht,
Der Schätze des Glaubens besaß,
Und daß vor der Fülle die Not steht,
Und im Vorhof der Liebe der Haß.

v

Aufgehört hat der Kran, der Drache,
Den Zahn zu schlagen ins Trümmerbrot.
Seltener rollen die Räder, die fremden,
Donnernd über die Brooklynbrücke.
Atemlos sinken des goldenen Staubes
Fahnen herab. Durch die steinerne Wildnis

Wandert auf blauen asphaltenen Flüssen,
Wandert durch Säle voll wuchernder Blumen,
Flötet den Echsen, – lange, wie lange
Kam er nicht, – Pan.

VI
Hat nicht einer gefragt, wie es sei,
Wie die Stadt klingt im Geheimen.
Ach, eine Fülle von Reimen
Beschriebe das nicht. Es bedarf
Ohren zu hören. Denn nicht
Im Vordergrunde dem Schrei,
Den einer gen Himmel warf,
Und nicht dem Weinen
Unter den Steinen
Gilt es zu lauschen.
Wald vielleicht singt Melodie,
Und die Meere verrauschen
In Gischt und Glanz
Melancholie.
Aber die Stadt ist ein Tanz,
Und der Tänzer sind viele,
Alle verschworen dem Spiele.
Ob sie's nicht wissen und tasten
Blind sich und werfen ihre
Grauen und goldenen Masken,
Ihre Häute der Tiere
Über wie Alltagskleid.
Können sie doch nicht ruhen,
Tanzen in magischen Schuhen.
Auf der gerichteten Bühne,
Tanzen Trauer und Sühne,
Totentanz, Lebenstanz,
Hochzeit –

VII
Es wird doch schon wieder das Lot
Gerichtet und Steine getragen,
Uhren gehen und schlagen,
Wir essen das tägliche Brot.
Warum, warum habt Ihr Angst?

Wir fürchten uns nicht, nur
Daß der Krieg wiederkommt, nur

Daß sie uns, eh wir's gedacht,
Wieder verdingen,
Daß durch die stille Nacht
Die Flammen springen,
Daß uns die Saat verdirbt,
Die kaum gesäte,
Daß das Licht erstirbt,
Das kaum erspähte,
Der zage Schimmer
hinter dem Tann.
Und dann,
Dann
für immer.

VIII
Nun bin ich aufgenommen und das heißt,
Daß ich ein Teil bin und dazugehöre.
Das scheint beim ersten Hinblick keine Ehre.
Es zeigt sich wahrlich kein befreiter Geist
In diesen harten abgehetzten Mienen.
Man scheint sich selbst und nur sich selbst zu dienen,
Zu raffen und dem Nächsten zu verwehren,
Was man erkämpft, erlistet und erfrohnt.
Nichts ist umsonst, und selbst ein Lächeln schiene

Verschwendet, wenn's nicht bittet oder lohnt.
Nein, keine Ehre. Wer Vergleichung übt,
Nennt unser Wesen einen aufgestörten
Unrat und Schlamm, der einen Weiher trübt,
Und setzt sich und besudelt rings den Strand,
Indes das Wetter längst vorüberschwand.
Doch Ehre oder nicht. Wir sind und wirken,
Verhaftete in menschlichen Bezirken.
Und wenn wir jenes Bild ganz gegenwärtig
Uns halten, dann erkennen wir vielleicht
In jedem Streitwort, jeder Haßgebärde
Ein Flüchtiges, das nicht ins Tiefe reicht,
Ein Lippenwort, ein letztes Nervenbeben,
Den Abschaum eben, den wohl eine Hand
Imstande wäre, leicht und unvermutet
Vom Menschenangesicht hinwegzuheben,
Darunter aber schön und heiter flutet
Des Lichtes Spiegel über reinem Sand.

IX
Opernplatz, Rose den Winden,
Stern, der die Straßen entläßt,
Wie Du mir aufblühst im blinden,
Dunkeln Kastaniengeäst.
Wie dann im Näherkommen
All Deine Schönheit zerbricht,
Gealtert und verkommen
Dein Leib und Angesicht.
Säulen und Giebelschräge
Kulissen nur noch zum Schein,
Dahinter der Eulen Gehege,
Der Raben Stelldichein.
Die Töne alle versungen,
Die Goldgewänder verzehrt,

Weiß Gott, wohin entsprungen
Vom Dach das Flügelpferd.
Und drüben der Sockel, inmitten
Von Dornen und Nesseln leer,
Als sei einer fortgeritten,
Man weiß schon nicht mehr wer.
Und doch kann ich nicht beklagen,
Windrose, Dich und Stern,
Da Dir durchs Herz getragen
Ins Ferne und von fern
Der Straßen wildes Gedränge,
Des Tages junges Blut.
Das hat aus sich selbst Gesänge
Und aus sich selber Mut.

    x
Keiner kommt und wehrt
Diesem fremden Pferd
Sich in Rosenbeeten
Einen Pfad zu treten,
Bei den Brunnensteinen
Plötzlich zu erscheinen
Und dann isabellen-
Farben und mit hellen
Schweif- und Mähnenhaaren
Durchs Gebüsch zu fahren.
Der das Haus einst inne,
Schön mit Turm und Zinne,
Kann sich nicht beklagen,
Liegst schon längst begraben.
Nur die vor dem Garten
Auf die Bahnen warten
Sehen es manchmal jähe
Ganz in ihrer Nähe

Bei den Gitterstäben
Stolz das Haupt erheben,
Greifen mit den Händen,
Weichen vor dem fremden,
Vor dem Urweltblick
Scheu zurück —

XI

Ich weiß nicht, ob ich wachend lag
Oder ob ich schlief:
Ich stand vor dem Haus, wo er Tag um Tag
Über die Treppen lief,
Wo man Geräte und Bilder gehegt
Und Uhr und Puppenspiel,
Wo ihn zuerst die Welt erregt
Und er der Welt gefiel.

Und das Haus war ein Loch, ein Kellerschacht,
Ein Haufen Dreck zum Hohn,
Und Schilder waren dort angebracht,
Darauf stand: Besitz der Nation.
Ich las die Zeichen traumgenau
Über dem wehenden Gras,
Gestalten bückten sich ins Grau
Und sammelten irgend etwas.

Und plötzlich stand am Straßenrand
Er selber in Fleisch und Blut,
Er trug nicht den blauen Rock mit dem Band
Und nicht den Campagnahut.
Er trug nicht einmal sein eignes Gesicht,
Ich wußte nur: er war da.
Und ich erschrak wie vorm Jüngsten Gericht.
Weil er sein Haus ansah.

Doch schaute er gar nicht hinab in die Gruft,
Er zählte die Fensterreihn.
Er spähte in Räume aus lauter Luft,
Als strahle dort Kerzenschein.
Er folgte über dem Nichts der Wand
Einer alten Spur
Und lauschte mit erhobener Hand
Den Schlägen einer Uhr,
Und maß den öden Trümmerschlick,
Wie man ein blühendes Beet,
Wie man ein Ganzes überblickt,
Das schön gewachsen steht.

Da wußte ich ihn unerreicht
Vom blutigen Vergehen,
Weil die Vollendeten vielleicht
Nur die Vollendung sehen.
Und hörte selbst, eh alles schwand,
Den letzten, hellen Ton,
Und las auf dem Schild über Schutt und Sand
Die Worte: Besitz der Nation.

XII
Wenn ich, denkt das Mädchen, es verstände
Keine dieser zarten Schattenhände
Der Kastanien auf dem Pflastersteine
Zu betreten [oder beinah keine] –

Wenn ich, denkt der Mann, die Bahn erreiche,
Wenn es keinen Halt gibt bei der Weiche,
Wenn der Polizist die Zeichen achtet
Und die Straße freizugeben trachtet –

Kreuzte, denkt das Mädchen, vor dem dritten
Baume keine Nonne meine Schritte,
Und nicht mehr als zweimal kleine Knaben,
Die ein Spielzeug in den Händen haben,
Ach, dann werden wir uns wiedersehen –

Wird nicht, denkt der Mann, der Strom versagen,
Wird den Fahrer nicht der Blitz erschlagen
Und der Wagen nicht in Trümmer gehen,
Ja, dann werden wir uns wiedersehen!

Und das Mädchen muß noch oft erschauern,
Und dem Manne will es ewig dauern,
Bis sie unter den Kastanienzweigen
Lächelnd Aug in Auge stehn und schweigen.

XIII
Gefahr ist der Fluß geworden,
Seine Wasser führen den Rest
Von Sengen und Brennen und Morden,
Krieg und Leichenpest,
Giftige Keime in Schwaden,
Absud von Jammer und Not,
Darf niemand schwimmen und baden,
Er tränke sich den Tod.

Leer ist der Fluß geworden
Nach den Tagen des Zorns,
Still von den schrillen Akkorden
Der Pfeifen und des Horns.
Stromüber fallend und steigend
Umzuckt ihn der Möwen Schrei,
Riesig zieht er und schweigend
Zu meinen Füßen vorbei.

Heiterer schien er mir immer
In der anderen Zeit,
Als er den Lichtschein der Zimmer
Trug wie ein flackerndes Kleid
Und hinschoß unter den Brücken
Und sie rauschend verließ,
Als die Lampen noch glühten
Bei den südlichen Blüten
An der Mauer, die Nizza hieß.

Doch die Wasser kommen von weit her,
Von Tannen und duftendem Heu,
Und durch alles Geschehene seither
Gehen sie schrecklich neu
Und müssen erst alles erfahren
Und sinken lassen zum Grund,
Auch das Haupt mit den Schlangenhaaren
Und dem schreienden Mund.

Und tragen noch lange schwer hin
Der Ufer vergängliches Los,
Und singen es dann in den Meerwind
Und betten es in den Schoß.

XIV
Sahest Du's: als ich den Blick fand,
Wie er zu blühen begann?
Hörtest Du's: als mir der Mund sprach,
Wie die Trauer zerrann?

Wir haben so lange geweint.
Laß das Licht uns borgen
Von dem Stern, der morgen
Uns erscheint.

BLICK AUS DEM FENSTER

Einmal erfahren wir's alle. So oder anders,
Mitten im Leben, am Mittage, Mittag vorüber.
Die Sonne steht noch im Zenith, die Sommersonne.
Aus dem Fenster beugst Du Dich, schaust.
Was ist drunten zu sehen?

Brandschutt vielleicht ist zu sehen, rostrote Spiralen,
Wie glühende Schlangen gebäumt überm Saume der Straße
    [Jetzt noch, nach so vielen Jahren]
Und Kehrichteimer vielleicht, denen stinkende Fäulnis
Aus den halboffenen Mäulern hervorquillt. Und drüben die Hecke,
Die einmal Liguster gewesen, grüner Liguster,
Wo Kinder hocken und streifen die Blätter vom Zweige
Und reißen die Gerten vom Stamme, zerstören, zerstören,
Noch immer, nach so vielen Jahren ... aber wissen sie's anders?

Zweitausend Tage lang war uns der Tod auf den Fersen.
Zweitausend Tage lang gingen die Schiffe zum Grunde.
Dinge waren gemacht, um in Asche zu fallen,
Dinge waren gemacht, sich in Schutt zu verwandeln,
Zweitausend Tage sind eine mächtige Zeit ...

Aus Deinem Fenster beugst Du Dich, Mittag vorüber.
Es zittert die Stadtluft, die Stickluft, der Gluthauch, der Brodem.
Auf der Straße hocken die Kinder, die Wirrsalkinder,
Kreidestümpfe halten sie in den Händen,
Häuser malen sie, Schiffe, Eisenbahnzüge,
Häuser mit Fenstern und Türen, vollkommene Häuser,
Schiffe mit Masten und Schloten, vollkommene Schiffe,
Bilder der Wirklichkeit lehrt sie der ewige Traum.

Aus Deinem Fenster beugst Du Dich, Mittag vorüber,
Auf die Straße blickst Du hinunter, das endlose Spruchband,
Wo die Lastwagen hinfahren, brüllend und eisenklirrend,
Und die Kinder heben sich fort, ganz zuletzt noch wie Fliegen,
Und eilen schon wieder zur Stelle, wie Fliegen gelockt von der Süße,
Und spielen die anderen Spiele von Tod und Erlösung.
Irrgärten zeichnen sie, Straffelder, Himmel und Hölle,
Und mühen sich emsig, die Steinchen ins Rechte zu treffen,
Und hüpfen und schwanken, die Zunge zwischen den Zähnen,
Und haben, ach, um ein Kleines, verloren, verspielt.

Und zu sehen ist dort der Jasmin mit den wilden,
    [weißblühenden Zweigen,
Und hinter den Fenstern der weißen Ruine, die einmal
Casa d'Italia genannt war, auftürmen sich Wolken
Sommerlich südlich, und wie einen Liebesnamen
Spricht Deine innere Stimme das zärtliche Wort.

Denn plötzlich ist alles wie einst. Es erdröhnen die Bohlen im Garten
Von der rollenden Bocciakugel, die Bretterwand zittert,
Vielstimmiger Aufschrei von südlichen Lauten erhebt sich,
Und drinnen im Säulensaal sitzt bei der goldenen Harfe
Die junge Fremde im muschelglänzenden Taftkleid,
Reißt zornig und wild an den schweren, umsponnenen Saiten
Und dämpft dann wieder den Klang –
Und ihr blutroter Mund ist so lebensgierig wie einst,
Und der Helm ihrer bronzenen Locken umgibt sie wie einst,
Da so schön ihre Harfe im Kriegssommer, Todsommer tönte,
Und sang von der herrlichen Ferne, den Meeren der Welt.
Und gewachsen ist riesig die Harfnerin zwischen den Trümmern,
Es wogt ihr perlmuttenes Kleid, ihre Goldsaiten blitzen,
Ihre Locken wehen am Dachfirst, es singt ihre Harfe
Wie einst von der herrlichen Ferne, den Meeren der Welt.

Aus Deinem Fenster beugst Du Dich, Mittag vorüber,
Und schön ist zu sehen der Platz an der Straße, das Eiland,
Wo die Platanen sich breiten voll Licht und voll Schatten,
Wie von geheimen, unstillbaren Stürmen durchflogen,
Und süß ist zu hören das Klingen und Klappern der Hufe,
Wenn bei den Stämmen, den salamandergefleckten,
Auftaucht der Jährling aus dem verwilderten Garten,
Sattellos heimwärts geritten von einem Kind.
Wenn ein Hauch durchzittert die Luft von Bremsenöl,
   [schweißigem Fellhaar,
Und näher kommt es, das Wunder, vom Stein geboren, die schöne
Fremdlingin Kreatur . . .

Aber wer sähe nicht auch, die dort an den Krücken sich schwingen
Und eilen so hurtig dahin wie auf Siebenmeilenstiefeln,
Von trotzigem Willen bewegt. Aber wer ihnen begegnet,
Feindselig sieht er sie an mit dem harten Nun-ja-Blick,
Mit der Kälte der letzten Verzweiflung sieht er sie an.

Und wer sähe die Frauen nicht hocken am staubleeren Brunnen,
Ihre Beine spreizen sie schweigend, geschlechtslos, müde,
Ihre Blicke fallen wie Asche in ihren Schoß.

Und wer sähe es nicht, wenn die Bahnen heranrauschen lärmend,
Wie Menschen sich jäh gleich Ertrinkenden schlagen und stoßen
Und reißen sich Fetzen vom Leibe und wehren den Alten
Und drängen die Blinde zum Gitter des Gartens und kämpfen,
Als sei noch der Tod auf den Fersen, als flösse die Straße
Wie glühender Phosphor, noch immer, nach so vielen Jahren –

Aber zweitausend Tage lang war uns der Tod auf den Fersen,
Zweitausend Tage lang gingen die Schiffe zum Grunde,
Zweitausend Tage sind eine mächtige Zeit.

Aus Deinem Fenster beugst Du Dich, Mittag vorüber.
Die Sonne steht noch im Zenith, die Sommersonne,
Rostrote Spiralen bäumen sich drunten wie Schlangen,
Kinder spielen die uralten Spiele von Tod und Erlösung,
Die Harfe des Traumes ertönt und die Harfe schweigt still,
Der Schrecken des Mittags geht um ...
Und Häuser siehst Du versinken in stahlblauen Fluten
Und Menschen siehst Du ertrinken in stahlblauen Fluten,
Ihre Arme strecken sie aus ...

Nur das Kind noch reitet dahin auf dem jungen Pferde,
Auf dem Glutfluß reitet es schwerelos, unbekümmert,
Und jubelnd folgen ihm alle die jungen Gefährten,
Die Steinchenwerfer, die Kreidezeichner, die Irrgartengänger,
Die helle barfüßige Schar.

Und bei der Haltestelle, am Saume des Gartens,
Steht noch immer die Blinde und wittert den ewigen Atem,
Das bittere Nußlaub, die süßen Akazienblüten.
Ihre Blindheit umhüllt sie, ein schützender Mantel, ein Flügel,
Lächelnd verweilt sie im tauben Kastanienschatten,
Hebt das Antlitz gen Himmel und horcht ...

Einmal erfahren wir's alle, so oder anders.
Mitten am Tage, am Mittage, Mittag vorüber.
Vom Fenster wenden wir fort uns und schließen die Lider,
Feuer wogt hinter unsern geschlossenen Lidern,
Die Sonne, die Glutsonne kreist wie ein Feuerrad trunken,
Doch stiller wird es allmählich. Im Dunkel umweht uns
Atem von Nußlaub und süßer Akazienblüte,
Atem der Urheimat, Klänge der kommenden Zeit.

WAS WISSEN DIE TOTEN

Man könnte doch fragen.
Wen denn? Den Schäfer etwa.
Der ist so von immer. Der ging mit den Schafen
Alle die Zeiten bergauf und bergunter und rief seine Hunde
Mit Namen von Flüssen, weil Wasser den schützenden Kreis zieht.
Aber der Schäfer schweigt.
Pocht mit dem Stab auf die Erde,
Zählt seine Lämmer und schweigt.

Die Alten auch könnte man fragen, die lange da sind.
Und haben schon vieles erfahren weltauf und weltunter
Und stehen zum erstenmal nicht auf dem Ararat, sehen die Taube,
Die flügellahme, verschwinden.
Aber die Alten senken den Blick auf die Erde,
Wiegen ihr Brot ab und schweigen.

Meint Ihr die Toten? Was wissen die Toten. Du,
Der Du Dich einst in der Schneewüste Stalingrads
Vor die Räder geworfen, die Fluchträder, Heimaträder,
Weil Du verloren warst in der Schneewüste Stalingrads
Und wolltest nach Hause. Nur daß man den Wagen nicht anhielt,
Nur daß Dir die rollenden Räder den Atem zerdrückten,
Was weißt Du jetzt?

Was wissen die Toten. Du,
Die sich in der Zelle aus Fetzen zerrissener Leinwand
Oder aus etwas dergleichen die Todschlinge drehte
Und sich erhängte am Türgriff [oder an etwas dergleichen]
Und sank in die Tiefe aus Schwerkraft der Liebe,
Dort hinab, wo wir vermeinen, daß Klage und Jubel eins sind.
Was weißt Du jetzt?

Und Du, der Du fortgingst mit den geflochtenen Körben
Waldwärts und kamest nicht wieder. Dein Bild stand
   [begonnen im Werkraum
Und das Essen stand auf dem Tisch und Du kamest nicht wieder,
Deine Farben trockneten ein in der Sonne, im Seewind,
Der ging um Dein Haus und bewegte den kurischen Wimpel,
Du kamst nicht wieder. Was weißt Du jetzt?

Immer wenn sich die Unterwelt aufgetan hat
Und hat in die Tiefe gerissen ein Unmaß von Leben,
Stehn wir hernach an den klaffenden Spalten und fragen.
Die Mütter kommen und fragen «Hat es Dir weh getan, Kindchen?»
Die Frauen fragen «Was habt Ihr allein uns gelassen?»
Ratlose kommen und fragen «Wie ist es dort unten?»
Aber alles bleibt still.

Und die Mütter wenden sich um und gehen den schweren Weg zurück
Und stellen sich an den Herd und versorgen die alternden Männer.
Und die Frauen wenden sich um und gehen den schweren Weg zurück
Und beugen sich über das Bett und versorgen die hilflosen Kinder.
Nur die Dichter verweilen noch immer. Mit brennenden Augen
Saugen und rufen und führen sie plötzlich herauf uns
Die Toten, ein großes Gewimmel.

Das ist ein Schauspiel, ein Allerseelengepränge,
Auf der Bühne stehen die Toten hinter den Falten,
Murren und lärmen. Zieht doch den Vorhang beiseite,
Richtet die Scheinwerfer heller. Ihr habt uns gerufen,
Jetzt sind wir gekommen. Ertragt uns.

Auf der Bühne stehen die Toten. Die letzten, die jüngsten,
Die mit dem Schuß durch die Brust und dem Schuß
   [durch den Nacken,
Die Wassertoten,

Die Feuertoten,
Die Gehenkten.
Aber die älteren auch, die in ihren Betten gestorben,
Die am Krebs, an der Auszehrung, die an der Liebe gestorben,
Tot ist tot. Warum sollten sie nicht dabei sein?

Auf den Brettern stehen die Toten und schreien.
«Was wir dort unten tun, wollt Ihr wissen? – Nichts.
Wir sitzen dort drunten, so wie wir im Leben gesessen
Mit der Zeitung, dem Strickzeug, den alten vergeblichen Worten.
Das ist der Tod.»

Überall sichtbar stehen die Toten und schreien.
«Was wir gewonnen haben im Sterben? – Nichts.
Wir sehen Euch alles das Alte von neuem beginnen,
Wir sehen Euch, wie Ihr die Waffen schärft und die Wachttürme
  [rüstet.
Das ist die Hölle.»

Im Rampenlicht stehen die Toten gewaltig und schreien.
«Was wir erfahren vom ewigen Leben? – Nichts.
Wir tasten die Leere. Wir hören die Stille.
Das ist der Himmel.»

Was für Tote habt Ihr, Dichter, entbunden.
Wundert Ihr Euch, daß die Zuschauer greinend ihr Antlitz verstecken,
Daß ein Schrecken ist und ein Aufruhr, ein Schrei – Wer erträgt das?
Und ein anderer «Bringt sie zum Schweigen!»
Und ein dritter, schüchtern und bang «Geht fort, liebe Tote»,
Und ein vierter «Wir glauben Euch nicht.
  [Das sind unsere Toten nicht –»
Und hunderte «Endet das Spiel, laßt den eisernen Vorhang herunter.»

Und ein Aufruhr ist, eine Angst.
Und es wird keine Ruhe mehr, bis sie zurückgetrieben
Und der Felsblock gewälzt des Vergessens.

Bis alles still ist, so still,
Daß sacht die Geräusche des Lebens
Wieder erwachen. Wie Kinderweinen erwacht,
Wenn die Schreie Gebärender schweigen,
Wie das Murmeln der Quelle sich aufhebt,
Wenn der Sturzbach verrauscht ist.

Bis alles so still ist, daß nachts
Im Tale des Todes wieder
Stehn an die Felsen gelehnt
Stumme riesige Engel.

DIE GEFANGENEN

Fragt die Gefangenen, was für eine Musik sie vernehmen,
Was für eine Zukunftsmusik.
Denn Gefangene gibt es genug.
Ja, wenn einer sich abschreiten wollte,
Wieviel Stacheldraht noch in der Welt ist, er ginge sich müde.
Ein Gitter aus allen vergitterten Fenstern errichtet
Stiege wohl bergehoch auf und erstreckte sich länderweitüber.
Der Heimatschrei aller Gefesselten, wenn er frei hinflöge,
O welch ein Sturm.

Die Gefangenen fragt, die eben erst heimkehrten.
Hast Du sie nicht gesehen, die beiden? Doch jeder
Hat sie gesehen, hier oder dort.
Jeder hat ihre umwickelten Füße gesehen,
Ihre Wasserbäuche,
Ihre Wasserknie,
Ihre geschwollenen Adern,
Ihre hungrigen Augen, schielend vor Schwäche.
Wenn sie den Becher aufhoben, den blechernen an der Kette
Und tranken das Bahnhofswasser, Chlorwasser,
   [Quelltrunk der Heimat,
Und sahen sich um nach den Kränzen und Transparenten
   [aber da waren keine]
Und sahen sich um nach den Fahnen und Willkommensprechern,
Aber da waren keine.
Und zögerten ängstlich, auch nur einen Schritt sich zu trennen
Und Überlaßne zu bleiben, einzelne, schrecklich verlorene.
Denn was ist denn Heimat, wenn nicht, wo wir verstanden werden,
Was ist denn Heimat, wenn nicht, wo wir Erkannte sind.
Wir aber kennen sie nicht.
Wir meinen, sie wären ein Hohlraum, aus Sehnsucht gebildet.

Wir meinen, sie wären Gefäße, die gierig sich füllten,
Durstige, denen alles schmeckt.
Aber, wer lange fort war, dem mundet nicht alles.
Die Freiheit mundet ihm nicht, die Bettelfreiheit,
Die Mühsal mundet ihm nicht, die papierene Mühsal,
Das Brot mundet ihm nicht, das erstandene Brot.

Fangt Ihr schon wieder an, sagen sie, richtet die Mauern auf?
Mitten durchs Zimmer verlaufen Eure Mauern.
Zwischen Mann und Frau erheben sich Eure Mauern,
Zwischen Freund und Freund.

Fangt Ihr schon wieder an, sagen sie, haltet die Habe fest?
Vor den Fenstern häuft sich Eure Habe, daß Ihr den Tag
 [nicht mehr sehet.
Atemluft nimmt Euch die Habe, daß Ihr erstickt.

Wer fort war, hat Träume der Zukunft geträumt, aber hier
Hat man den Tag überstanden, sich eingerichtet.
Wer fort war, hat sich Gedanken gemacht, aber hier
Hat man gelebt.

Alle, die fort waren, wollen die Heimat umarmen,
Hahnreie sind sie geworden und merken es nicht.

Wie habt Ihr gewohnt, dort, wollen die Mütter wissen.
In Erdlöchern, sagen sie, in Schlammgruben. In Zellen.
Was habt Ihr gegessen, wollen die Schwestern wissen.
Kohlstrünke, sagen sie, faule Rüben, Dreck.
Was war gut dort, fragen die Mädchen, aber das sagen sie nicht.

Die in die Bergwerke einfuhren, sagen es nicht.
Und die in den Zellen gesessen, sagen es nicht.
Und die auf den Henker gewartet, sagen es nicht.

Denn wer verstünde sie auch.
Wer erriete den Urgrund, auf dem sie gestanden haben.
Wo keine Sorge mehr ist,
Wo keine Angst mehr ist,
Wo die Liebe ist.

Wer verstünde es, daß sie die Zonen der Sorge überschritten haben,
Und die Zonen des Heimwehs,
Und die Zonen der Einsamkeit,
Und die Zonen der Furcht.
Daß sie den Blick in das Offne der Freiheit taten,
Daß sie den Fuß in die Fülle der Freiheit setzten,
Einen zagenden Schritt.

Darum sind sie so ungeduldig und wollen hier alles zerschlagen.
All das mühselig gerichtete Alte zerschlagen,
Das Gefäß,
Das Gehäus,
Das Gerät.

Weil die Freiheit, die sie gefunden, nicht ihre Freiheit ist.
Weil die Liebe, die sie gefunden, nicht ihre Liebe ist.
Darum wollen sie alles zerschlagen, daß sie es endlich
Hervorbrechen sähen, mit eigenen Augen, endlich,
Das Ohnesorgesein,
Das Ohneangstsein,
Das Lieben.

Und eine Weile vergeht, da richten sie sich auch ein.
Eine Weile vergeht, da bauen sie auch das Haus auf.
Die Jahre vergehen, da werden sie still.
Ihre Wassersucht wird geheilt.
Ihre erfrorenen Füße werden geheilt,
Ihre geschundenen Rücken werden geheilt.
Ihre Träume vergehen.

Ihren Kindern vielleicht erzählen sie später einmal, aber nur Gutes.
Denn durch das Sieb der Erinnerung fallen nur goldene Körner.
Und einer erzählt wohl, wie sie die Geige ihm gaben,
Nicht seine eigene, und dennoch – nach so vielen Jahren –
Wie die Hand ihm gezittert, daß der Bogen sprang auf den Saiten,
Wie er den Fremden im Wirtshaus zum Tanze aufspielte,
Wie sie tranken und gossen sein Glas voll mit Feuer, Towarisch,
Wie das Abendrot über der endlosen Ebene lag ...
Und einer erzählt, wie in Afrika drüben das Mondlicht
Auf den weißen Baracken erglänzte, der rötlichen Erde,
Und wie er hinausging mit dem Kartoffelschälmesser
Und schnitt seinen Namen ins eiserne Blatt der Agave
    [und die seiner Kinder],
Das wächst immer mit, das steht unter den Sternen des Südens
Noch lang, wenn er tot ist ...

Und einer erzählt, der allein in der Zelle gesessen,
Gar nicht so weit, doch alleine, unendlich alleine,
Wie er noch klopfte und sprach mit dem niemals Gesehenen
Und gab auch das endlich auf. Wie dann einmal die Spinne
Hochbeinig zitternd ihm über das Stroh lief, – ein Tier, ein Wesen –
«Ach pfui, eine Spinne», sagt wohl die Tochter dann.
    [«Hast Du sie totgemacht, Vater?»]
Aber er lächelt und schweigt.

Wenn einer sich abschreiten wollte das Trennende, das in der Welt ist,
    [er ginge sich müd.
Ein Gitter aus allen vergitterten Fenstern errichtet
Wüchse wohl berghoch auf und erstreckte sich länderweitüber.
Der Schrei aller Liebeverlangenden, wenn er frei hinflöge,
O welch ein Sturm.

VOR DEN TOREN

Wen riefe es nicht hinaus, hinaus immer wieder,
Dorthin, wo der Leib der Erde nicht mit Steinen gepflastert ist,
Wo der Flügelschlag seines Blickes nicht zurücktaumelt blutend,
Wo ihm der unreine Atem die Lunge nicht preßt?
Wer, der sich lange im Netze der Straßen verfangen,
Erwartete nicht unterm größeren Himmel Befreiung,
Wer, der so lange vergeblich die Hastenden ansprach,
Suchte nicht Antwort im Rauschen des wilden Geästs?

Dort vor den Toren, wo seine Sinne erwachen,
Wo seine Augen gewahren, wozu sie geschaffen sind, Weite,
Wo seine Ohren vernehmen, wozu sie geschaffen sind, Leises,
Wo seine Füße das tun, wozu sie geschaffen wurden,
Als die Steppe noch war, von Todesgewässern umgürtet,
Als noch die Sterne versanken hinter dem Ringwall des Himmels,
Als in der Bresche auftauchte der funkelnde Tag.

Und zu fragen sind vor den Toren die Freunde, die alten,
Das Wasser, das einmal so jung war, ein Wiesenrinnsal,
Und jetzt, da wir wissen, erfüllt es gewaltig die Erde,
Und das Feuer, das einmal so neu war, ein Strahl,
 [eine zitternde Flamme,
Und jetzt, da wir wissen, sind es unzählige Sonnen.
Die gingen weltauf und weltab. Und der Wind, der so sanft war,
Liebkosender Atem der Mutter, und ist jetzt ein Sturmwind,
Und alles, das außer uns war, voll des eigenen Lebens,
Und jetzt, da wir wissen, erfahren wir immer uns selbst.

So daß, wer hingeht vor die Tore und trägt im Herzen
 [das Bild des Untergangs,
Der hört dort das Wasser, das nicht aufhören will zu strömen,

Das Schwemmwasser, das Unheilswasser.
Und den Glutwind spürt er, der nicht aufhören will zu wehen,
Den Trockenwind, den Verderber.
Und alles Tödliche sieht er, die Plagen, den Borkenkäfer,
Der unter der Rinde frißt, und der Saft kann nicht steigen,
Und die Blätter verdorren, hinsinkt der gespenstige Wald...
Und der andre, der ausgeht und trägt die Hoffnung im Herzen,
Und ob auch nicht Sommer ist und die Blumen nicht blühen
Und des Sonnenlichts fällt nur ein Strahl aus den wandernden Wolken,
Einen Lößhang gewahrt er, der gleicht einer goldenen Welle,
Und sieht ein Gehöft, umflossen von Licht, eine Heimat,
Und Knospen sieht er am Wintergeäst, wie Manna
   [dünkt ihn der Regen,
Die Blüte des Frühlings entzückt ihn, der Sirius reift ihm den Wein...

Doch Antwort wird dem nur, der bleibt.
Der über die Nacht bleibt, bis der Morgen kommt.
Der über den Sommer bleibt, bis der Winter kommt.
Der bleibt, bis seine Freude zuschanden wird.
Wenn das Licht verzieht und der Lößhang wird grau und das Gehöft
   [liegt dunkler denn jemals,
Wenn die schönste der Blüten verwelkt und der Hagel
   [vernichtet den Wein.

Und Antwort wird dem nur, der bleibt,
Bis seine Sorge zuschanden wird,
Wenn das Unwetter verzieht und das Schwemmland auftaucht,
   [fruchtbar,
Wenn er aufwacht und sieht auf den Äckern den Tau glänzen,
   [der gefallen ist reichlich,
Wenn die Plagen aufhören, mit eins, und der Wald wird grün...

Antwort wird dem nur, der bleibt.
Der den Brautzug sah und sieht dann die Schwangere hingehen,

Der vom Taufessen aß und sieht dann die Kinder spielen
Und sieht noch die Toten wächsern zwischen den Lilien
Und trägt auf der Schulter des Nachbarn Sarg.
Antwort gibt ihm die Natur.
Die große Trösterin,
Die große Gleichmacherin,
Die alles ins Reine bringt,
Die alles vergißt.
Denn ob auch Kentauren nicht mehr sind und Dryaden nicht mehr
   [sind und Nymphen nicht mehr sind,
Ein murmelndes Echo klingt noch von der alten Beschwörung,
Der alten Beseelung uns her, wenn wir flüstern im Sommergarten
Männertreu, Ehrenpreis, Liebstöckl, Brennendes Herz –
Und niemand weiß, was Versuchung heißt, der nicht
Unter vergessenen Bäumen inmitten der Stadt saß
Und wünschte, es möchten die Bäume aufwachsen, riesig,
Und es möchten die Wurzeln die Häuser zum Einstürzen bringen,
Und es möchten die Kronen wachsen und die Türme umstoßen,
Und Blumen der Wildnis möchten erblühen,
Und niemand weiß, was Versuchung heißt, der nicht
An der Weichsel stand oder am Niederrhein, wenn die
   [Hochwasserwelle herantrieb.
Und die braunen Fluten sah er über die Dämme schießen,
Und Weidenkronen sah er hintreiben und Zäune und Hütten
Und Tiere mit weißen Bäuchen und starren Beinen,
Und rauschen hört' er es riesig, immer näher,
Und sein Herz war voll Jubel.

Und niemand weiß, was Versuchung heißt, der nicht
Einmal sich fortgewünscht in der Christnacht, noch gerade ehe
Man die Kerzen anzündete und von den Geschenken
   [die weißen Tücher entfernte,
Der sich nicht fortwünschte von der Menschenliebe, der hilflosen,
Von den Feiertagen, den unzulänglichen,

Und stände lieber zur Nacht allein auf tunesischer Erde,
Und uralte Zeichen winkten die Fischer ihm zu.
Und niemand weiß, was Versuchung heißt, der nicht
Sich aufsetzte um Mitternacht einmal und zog
   [die kalten Laken um sich,
Und überdachte sein Leben, und größer schien ihm
Als die große zukünftige Liebe die Brunst der Geschlechter,
Ewiger.
Und süßer schien ihm als alle Bemühung des Geistes
Das gierige Suchen der Kinderlippen an der Mutterbrust, Milchbrust,
Ewiger.
Und besser dünkt' ihn als alle Verheißung die alte
Stille Gewißheit, im Dunkel der Erde zu ruhen.
Doch wer Versuchung nicht kennt, wie sollte Befreiung ihm werden,
Wer nicht in den Brunnen hinabschaut, wie säh er
   [sein Spiegelbild glänzen,
Wer des Nachts nicht hinausgeht, todsüchtig, wie gewahrt' er
   [die Sterne
Und unter diesen den einen, der immer aufgeht,
Herrlich, mit Tränen als Zeichen der Liebe gegrüßt?
Und das Holzkreuz erführe er nicht, aus dem Baum der Erkenntnis
   [geschnitten,
Das aufragt auf dem Hügel, von Wolken umflogen, lange,
Riesig und schwarz, voll unendlicher Trauer, lange,
Und einmal treiben ihm Wurzeln und Blüten und Früchte,
Da wiegt es sich strahlend im Licht.
Und nicht, wenn er meinte, nichts Neues sei unter der Sonne,
Glänzte ihm Irdisches plötzlich wie ewige Heimat,
Flösse ein Hang ihm entgegen, ein Sturzbach von Gold.

EUROPA

Wenn in der Neujahrsnacht über den geschlagenen Erdteil,
Die Heimat der Unruhe, des Bruderhasses, der Auflehnung,
   [der Versündigung,
Die Heimat der kühnen Gedanken, der brennenden Worte,
   [der Schönheit,
Wenn in der Neujahrsnacht die Glocken tönen, die heimgekehrten,
Mühselig hinaufgezogen in die geborstenen Türme
Die großen Glocken –
Wenn das Hochwasser aufrauscht zur Schwelle der Brücken
   [im Föhnwind,
Wenn die Pfeifen der Lokomotiven und die Sirenen der Schiffe
   [anheben eifrig,
Wenn die fremde Stimme den Neujahrswunsch hinaufruft
   [zum schweigenden Fenster,

Neigt wohl ein Herz zum Geliebten sich, flüstert lautlos
«Liebe mich immer, alle die kommenden Tage»,

Und wird schon von dannen gerissen vom Glockenwind, Sturmwind
Über die Grenzen des Eigenen, über die Stadt hin,
Über die schweigenden Länder,

Und hört Prophezeiungen viel und Gebete, die aufsteigen
Und rufen herbei den Tag, da die Fülle des Friedens sein wird,
Da der Gerechte blühen wird,
Da der Gesetzlose nicht mehr ist und unauffindbar seine Stätte.
Und reden von einer Saat, die aufgehen wird golden aus den
   [Leibern der Toten,
Von Gärten, die mauerlos blühen und Frucht tragen werden,
Von einer einzigen Welt, wo niemand mehr Furcht hat,
Von ewigem Frieden.

Aber Weissagung ist auch, uralte des Nostradamus
Von asiatischen Pferden, die gehen zur Tränke im Rheinstrom,
Von einem Blutbach, der fließen muß, ehe das Reich kommt,
Von Städten, die einstürzen und Äckern, die verwüstet werden müssen,
 [ehe das Reich kommt,
Von Heeren, die aufbrechen von Osten und Westen gewaltig
Und prallen zusammen wie Wogen der Springflut, ehern
Und verlaufen sich wieder wie Wogen der Springflut.
Aber wo sie gewesen, ist Öde.
Steppe ist, wo sie gewesen, bienenumsummte,
Niemandsland, Urland –

Und hin eilt er, der Traumwanderer, mit dem Glockenwind,
 [Sturmwind,
Über den zitternden Erdteil,
Die Heimat des Bruderhasses, der Auflehnung, der Versündigung,
Die Heimat der kühnen Gedanken, der brennenden Worte,
 [der Schönheit.
Ertastet noch einmal die Küsten vom Saum der Bretagne,
Bis zu den Wassern des Goldenen Hornes, von Midgard
Bis zu den Säulen des Herakles.

Und Urgestalt drängt ihm entgegen, elbische Alpengeister,
Mädchen mit Flügeln wie Schwäne und das schwarze Roß
 [des Poseidon,
Und Burgen sieht er und Tempel und Klöster, Gewölbe, Paläste,
Und immer wieder den Pflüger auf herbstlichem Acker
 [und immer wieder
Heerzüge, wandernd in Waffen.

Und Stimmen klingen empor ihm, inbrünstige Chöre,
Freudebegehrend und liebebegehrend und immer
Wieder die einzelne trotzige schrecklich verlassene,
Prometheus Stimme.

Aber dann wird es stiller.
Stille im Mondlicht, unter zerrissenen Wolken
Blüht ihm noch einmal entgegen das Süße, Verschonte –
Marmorne Freude Vicenzas und römische Brunnen,
Liebliche törichte Jungfrau am Münster zu Freiburg,
Rose von Chartres und Goethes Garten am Stern.

Und es dünkt ihn, so schön hat er's niemals gesehen,
   [So voller Verheißung.
Und seine Augen dünken ihn heller als Grabwächteraugen,
Seine Hände dünken ihn stärker als Grabwächterhände,
Voll von Leben dünkt ihn sein eigenes Herz.

Und aufschreien möcht er, in die Welt schreien, Gewißheit zu fordern,
Daß nicht um des Friedens willen,
Daß nicht um des Kommenden willen
Ausgelöscht werde, erstickt
Die Freude der Augen,
Die Freiheit des Geistes,
Die Erhebung der Herzen,
Und des Turmwächters alte,
Einsame Stimme.

Hinaus schreit er, in die Welt schreit er, der Traumwanderer,
Aber keine Antwort tönt ihm zurück. Nur die Glocken,
Die Sturm singen und Frieden singen,
Die Tod singen und Weihnacht singen,
Die rätselhaften unausdeutbaren Glocken
Rufen noch immer
Mitternacht –

Doch, wenn er heimkehrt traurig und neigt sich wieder
Und flüstert aufs neue sein «Liebe mich alle die Tage»,
Hat längst schon das Herz seines Herzens das Jahr überschritten,
Kleinen, eifrigen Schlages
Ewig getrost.

HEIMAT

Wer bin ich denn, daß ich mich mit Antäus vergliche.
Wenig weiß man von ihm,
Nur daß er ein Riese an Kraft war, solange seine Füße
Heimaterde berührten. Und daß seine Feinde
Ihn aufhoben von der Erde, der Heimaterde,
Da war er ein Schatten, ein Leichtgewicht, ein leicht
 [zu Überwindender,
Machtlos.

Mancher treibt heute dahin, den seine Feinde aufhoben,
Flüchtig eilt er dahin, vogelfrei, machtlos.
Und hatte doch einmal ein Haus und sagte «mein Haus»,
Und hatte doch einmal Herden von Vieh und sagte «meine Herden»,
Und hatte Gerät, über das er bestimmte, sonst keiner.
Und gehört jetzt zu denen, die fremd an den Tischen sitzen,
Die um alles bitten müssen,
Die alles geliehen bekommen,
Die murren ...

Aber von diesem alleine rede ich nicht.
Nicht von der Besitzheimat rede ich, der Machtheimat,
Die wieder erkämpft wird, immer wieder erkämpft wird,
 [mit Strömen von Blut.
[Wartet nur, sagen sie, bis wir wiederkommen.
Wartet nur, sagen sie, bis wir wieder die Herren sind.
Gut gedeiht das Korn, das mit Blut gedüngt ist.
Gut gedeiht der Garten, der mit Tränen gedüngt ist.
Gut gedeiht dann unser Land.]

Auf die Heimat, an die ich denke, können keine Grundbriefe
 [ausgestellt werden, keine Übereignungen, keine Erbscheine.

Rache wird nicht geschworen für diese unsere Heimat.
Denn sie kann nicht erobert werden,
Niemals wird sie uns völlig verloren gehen.

Wer von seiner Heimat redet, erweckt viele Erinnerung.
Alle, die ihm zuhören, sehen die eigenen Bilder,
Seine Sehnsucht ist der Stab, der den Quell aus den Felsherzen schlägt,
Sein Heimweh bahnt den Weg durch das Meer des Vergessens.

Brunnen, sagt er, und tausend Brunnenrohre heben ihr Flötenlied an.
Grünweißes Wasser springt auf die lechzenden Hände.
Westwind, sagt er, vom Ozean treiben die Wolken, Lämmer und Hunde
 [und Riesen, über das Tal hin.
Juni, sagt er, und Sensen rauschen durchs Taugras,
Weihnachten, sagt er, im Fenster erglühen die Kerzen, Hunde bellen.
Orion steht über dem Schneefeld . . .

Wer von dieser seiner Heimat redet, meint das Kinderland, das Urland.
Wo alles groß war,
Wo alles geheimnisvoll war,
Wo nichts verging.

Wer könnte auf dieses Land einen Grundbrief besitzen?
Ein Recht auf die niedere Mauer des Friedhofs, der wie ein Schiff
 [hinsegelt,
Ein Totenschiff auf dem Gipfel der Wiesenwelle,
Ein Recht auf den Regenbogenglanz im Moore am Ende des Hochtals,
 [wo die Wollblumen blühen?
Ein Recht auf die schlohweißen Männer, die Wildsauscheuchen,
Die am Waldrand leuchten im Mondlicht?
Ein Recht auf die Höhlentiefe im felsigen Rebhang, wo die Steine
 [so vielfarbig glänzen, rostrot, veilchenblau, schwefel?
Ein Recht auf das Bienengedröhn in den Wipfeln der Tannen
 [Alle paar Jahre nur, wenn die Tanne honigt],

Ein Recht auf die Sonnenuntergänge, die gewaltigen, schmerzlichen
[Schauspiele auf der Bühne des Stromtals –

Oder ein Recht auf den Modergeruch der alten Treppe im Hause,
Auf das Gefühl in den Fingern, die das Geländer umgreifen,
Auf den Mosthauch, den Apfelatem im Keller,
Auf den schrägen, zitternden Staubstrahl im Speichergebälk?

Wuchs uns nicht alles dies zu, als wir noch Träumende waren,
Machtlose? Bedenket doch, Freunde,
Wie immer das Schönste uns aufblühte jenseits der Festungsmauern,
[die die Verteidigung gürtet,
Auch in der Liebe.

Nicht zu den Vertriebenen allein rede ich, zu den Ausgestoßenen.
Es kommt ja ein Tag, da die Wunden alle vernarbt sind,
Da sie nichts anders mehr sind als ein Mal, eine Zeichnung,
Gleich einem Ruder vielleicht, einem Pfeil, einem Bäumchen.
Und die Kinder staunen und fragen: was hast du da, Vater?
Und hören ein Wort und fragen: was heißt das – Flüchtling? ...

Aber auch dann noch wird Heimat verlassen werden,
Wird Kindschaft vergessen werden, Brüderschaft,
Liebschaft.
Und es sind doch so stark die Getreuen,

Die sich aufmachen nachts und gehen den weiten Weg zurück.
Durch die Wände gehen sie hin, durch die Steinwände.
Durch die Wälder gehen sie hin, durch das dichteste Dickicht.
Durch die Flüsse gehen sie hin, die regengeschwellten, trockenen Fußes.
Durch die Berge gehen sie, spalten die Berge lautlos.
Immer den gradesten Weg,
Pfeilschnell,
Zugvogelsicher.

Ihr Seezeichen, ihr Leuchtzeichen ist die Herbstfackel
 [der riesigen Linden.
Ihr stürzen sie zu, überflügeln die Häuser des Dorfes
Und die trägen Gespanne
Und die saumselige Gartenmauer,
Halten dann inne:
Dort, wo alles ihnen wohltut, eine Weide ist, eine Augenweide,
 [ein Labsal.
Wo jeder an seinem Platze ist und tut das Seine, ein Segen.

Wo Brot gebacken wird, gutes Brot für viele.
Wo Wein getrottet wird, kräftiger Wein für viele.
Wo alle Geräusche gut sind, keines mißtönend,
Auch das Brüllen der Fräse nicht, die sich hart in die Erde einwühlt,
Auch das Heulen der Säge nicht, die ihre Zähne ins Holz schlägt,
Nicht der Unkenruf und der Kauzruf ...

Wo alle Gerüche gut sind, nicht nur der vom Holzfeuer
 [und den bitteren Nüssen,
Auch der Tiergeruch faulender Pilze im Regenwald,
Auch der scharfe der Jauche in der Rinne im Kuhstall,
Auch der Blutdunst geschlachteter Tiere,
Wo alles gut ist,
Leben und Tod.

Sieh ihn doch an, den Listigen, Zugvogelsicheren.
Wie er sich auffrischt zur Nacht und getröstet zurückkehrt,
Gerundet, gestärkt.

Und es blüht ihm doch nicht allein dieser, der Ort des Ursprungs,
 [wo er ein Kind gewesen.
Denk doch, wo immer Du liebtest,
An alle die Häuser denke, die Straßen, die Täler,
Wo jemals Du außer Dir warest. Im Winde, im Rohrdommelrufe,

Im Tanghauch, im Macchiagesumm, in den Funken des Feuers,
Weil Du liebtest.

Wo Du heimkehren kannst und findest noch alles wie ehmals
Und an den Pfosten der Türe das rettende Zeichen
Und den Würgeengel vorübergegangen
Und den Feuerreiter vorbeigeritten
Und das Beben der Erde gestillt.

O wenn wir lebten alle Tage, wie Kinder leben,
Wie Brüder leben und Liebende [außer uns],
Es wäre kein Ort auf der Welt, der nicht uns Heimat wäre,
Und es höbe uns niemand
Auf von der Erde und macht uns zu zappelnden Schatten,
Und nicht zur Nachtzeit schlichen wir heimlich wie Diebe
Und suchten die einzigen Orte, wo alles gut war,
Gierig im Traume.

Mutterschoß wäre überall,
Bruderhand wäre überall,
Liebesmund –

Und es rauschen Dir wieder die Flötenrohre der Brunnen,
Und das grünweiße Wasser rieselt Dir über die Pulse,
Und es schlägt Dir das Herz im Sensendengeln, im Heugras,
Und es steht überm Schneefeld in goldenen Waffen Orion,
Und es duftet nach Brot und nach Wein –
Aber wann denn, wann denn?
Morgen, – wenn Du zu lieben gelernt.

DER DICHTER SPRICHT

Möchten wir dieses nicht singen: die Muschel etwa
Mit ihrem opalenen Schimmer, den Regenbogen,
Oder den Falter, den zarten, der auftaucht plötzlich
Zitronenfarben unter dem bleiernen Himmel,
Oder die Lilie – und was wäre schlecht daran?

Drängt es uns denn nicht wieder und immer wieder,
Wort werden zu lassen das süße Vollkommene,
Das Menschenferne, das war, lange bevor wir's ermaßen,
Und wenn wir dahin sind lange,
Blüht es noch immer.

Und abzusehen drängt es uns doch immer wieder
Von dem finsteren Gott, dem Züchtiger, dem Unerbittlichen –
Dem der Blutdunst gehört, der Opfergeruch des Schlachtfelds,
Dem die Staublunge gehört, das geplatzte Gedärm,
   [der Hiobsaufschrei –
Und den zu ersinnen, der hinschwebt, lächelnden Blickes,
Und auf sein Winken erblühen die rosigen Bäume,
Und sein Finger lockt aus den Wipfeln die jungen Stare,
Und sein Finger läßt von den Wellen den Schaum auffliegen,
Und alles das Heitere, Sanfte, Mozarts Musik.

Und ist uns denn wohl dabei, wenn wir so schwer hinschreiten
Mit sperrigen Worten, die sich nicht beugen und schwingen,
Die einen Klang ergeben, so dumpf und verworren,
Und wer sie vernimmt, den heben ätherische Geister,
Rosige Genien nicht in die Lüfte empor.
Einhämmern wir ihn in die eiserne Rüstung der Tage,
Festschmieden wir ihn an die ewigen Orte des Leidens,
Nicht zeigen wir ihm des unsterblichen Schönen Gesicht.

Und Versuchung ist doch, die Hand aufzuheben, zu deuten,
Da wir es kennen, das Tröstliche alles, den Segen,
Der uns überflutet im März an der weißen Spalierwand
Und sommers im Erdhauch, im Efeuschatten des Dobels.
Und zu loben den Quersprung des Zickleins
     [auf der smaragdenen Wiese
Und das Lächeln, das weht zwischen Liebenden,
Alles das Leichte –

Und wir vermeinen doch manchmal, wenn je uns gelänge
Es aufzuheben, zu bergen, wie einmal das Wasser
Aus dem Moosbrunnen am Höllwald, das farngrüne,
Das, o wie geschwinde, den kindlichen Händen enttropfte,
Und war nicht zu halten und floß mit dem Bächlein talabwärts
Vieler Verwandlung entgegen: der Trübe des Weihers
Und der Bedrängnis des Mühlgangs, der unreinen Stadt –
Aber es rinnt doch noch immer, noch immer könnten wir's halten.
Aussagend viel, eine Welt, von der Schwärze der Tannen,
Von der Trauer des Kreuzwegs, der schmerzhaften Süße der Beeren,
Von der kleinen berückenden Stimme im schweigenden Wald.

Und das Lächeln, das weht zwischen Liebenden, das erste scheue,
Geht es nicht eilig dahin, wie das Quellwasser fortrinnt
Und füllt sich mit Hunger, Begierde,
Und füllt sich mit Sättigung, Sattheit,
Und füllt sich mit Schicksal, mit Angst?
Und zu halten wär es doch auch, wenn wir's aufhöben, allen sichtbar,
Und zeigten es diesem unter dem Bilde des Frühwinds
Und jenem unter dem Bilde der Vogelschwinge
Und ließen ein Licht darauf fallen, daß jeder meinte,
Niemals und allezeit hätte er so es gesehen.

Und Mühsal wäre wohl groß, aber wer fragt nach der Mühsal,
Und wer fragte nach Lohn, wenn ihm einmal der Jubel gelänge,

Wenn seine Schritte zu tanzen begännen, plötzlich,
Und er winkte nur leis, und auf einmal vernähmen sie alle,
Die um ihn wären, die schönen, verborgenen Klänge,
Süße der Freude.

Warum also singen wir's nicht, die Muschel, den Regenbogen?
Warum beschwören wir nicht den Starenrufer,
Den Apfelblütenerwecker?
Warum enden wir nicht, von dem bitteren Alltag zu reden,
Von brüchigen Mauern und blutig verstümmelten Gliedern,
Vom Pesthauch, vom Angstschrei, vom nächtlichen Alb auf der Brust?
Fürchten wir etwa die Schönrede, Trugrede – siehe
Es wirkt doch das Ganze in jedem,
    [in der Blüte die Trotzkraft des Stammes,
Im Schaume der Wogen das bebende Rollen der Tiefe,
In der schneeweißen Lilie die wurmige Schwärze der Erde,
Das ist es nicht.

Nur daß, wenn wir anheben, singen, die Lilie, den Regenbogen,
Und suchen die deutlichen Bilder, die scharf hintreffenden Worte,
die klingenden Laute, die reinste Entsprechung im Geist –

Nur daß dann aufsteigt immer ein Antlitz schrecklich nahe,
Mit Augen, die klagen und fragen, durstigen Augen,
Mit einem Munde, der weint, einem stummen Mund.

Und zu fragen brauchen wir nicht, wer das ist,
    [der da kommt und uns aufstört,
Der uns einhämmert, lange genug habt Ihr die Muschel besungen,
Lange genug habt Ihr den Liedern der Quelle gelauscht.
Jetzt ist es Zeit, den zu singen, der erwacht und stirbt
    [wie das Gras stirbt,

Aber mit wissendem Herzen.
Der in den Krieg geht, in die Knechtschaft geht, in die Verbannung,
Mit wissendem Herzen.
Der die Krankheit kennt und erfährt sie mit wissendem Herzen,
Der die Liebe erfährt mit wissendem Herzen, der sieht:

Der sieht und ist kein Besonderer, keiner,
Der das Schicksal zu meistern versteht.
Der sieht und ist kein Begnadeter, kein Auserwählter,
Den die Engel auf Händen tragen.

Der sieht, wie seine Tage hingehen, zwischen Gewittern,
und bringt seine Ernte ins Trockene, zwischen Gewittern,
Hastig.
Den das Lied der Lilie nicht tröstet, der makellosen,
Und das Lied der Schaumkrone nicht, der schwerelosen,
Weil ihm zu Häupten immer die Wolke steht,
Weil er die Spiele verlernt.

Ja, ihn, der uns anschaut mit seinen verzehrenden Blicken
Und läßt uns nicht Ruhe, bis wir sein Antlitz singen
Seine gefurchte Stirn,
Seine liebebegehrenden Lippen,
Seine durstigen Augen,
Sein mutiges Herz.

Und läßt uns nicht Ruhe, bis wir sein Schicksal singen,
Seinen Weg zwischen Dornen, sein Immerverlassenmüssen,
Seine Unrast, sein Heimatverlangen,
Seine vergebliche Saat.

Und läßt uns nicht Ruhe, bis endlich
Aus unserm, aus seinem Munde
Aufbricht der Jubel der Schöpfung,
Ein Dennoch, ein feuriger Glanz.

FÜRCHTET EUCH NICHT

Zu fragen gingen wir aus, verharrten am Tore lauschend,
Reinerer Töne gewärtig, und Furcht überkam uns,
Wenn Schatten heraufwuchs verworrenen Klanges und Angstgeschrei,
Und es wirbelten Trommeln, die alten, und reißender, wilder
Stürzte der Strom seiner tödlichen Klippe entgegen,
Untergang rauschten die Wellen – und dennoch, die Sterne
Glänzten so drüben wie hüben. Die süßen und reichen
Stimmen der Wildnis erklangen so drüben wie hüben,
Sangen vom Wandel der Zeiten. Und siehe, die Sonne,
Eben versunken, schon hob sie sich strahlend empor!

Zu fragen gingen wir aus. An der Schwelle der kommenden Tage
Trat uns entgegen der Mensch. Und er war nicht der Sanfte, Gerechte,
Und es blühte ihm nicht auf den Lippen das Lächeln der Weisen,
Und er weinte nach Heimat und ließ sich die Heimat entgleiten,
Und weinte nach Liebe und riß sich die Glut aus dem Herzen.
Und dennoch, wie schön war sein Antlitz, wie morgendlich leuchtend
Im Strahl der Verheißung, das alte, von Leiden gefurcht.

So wäre nur Täuschung der Strom, der so heftig, so reißend
Uns fortzutragen gedroht, der Verwandlung entgegen?
Täuschung das Unwetterlicht und der Untergangsflügel
Und das Traumbild des Kreuzes, das aufblüht wie Rosen am Hügel,
Und die Schritte der Freien, die Stimme des Menschen, die singt?
Und es wäre noch alles wie ehe, kein Tor, keine Schwelle,
Kein Stichtag, kein Lostag, nur Übergang, still, ins Gewohnte
Jeglicher Tag, und wir blühten, vergingen wie Blumen,
Neue, an jeglichem Tag ...

Und es würfe sich immer dem Geiste entgegen die alte
Dumpfheit und Trägheit. Es schlüge die Faust der Zerstörung

Raum erst für neue Geburt und es deckte die große
Dunkle Natur mit der Tränenflut, Salzflut des Meeres
Ewig aufs neue unendliche Hoffnungen zu –
Und Täuschung nur wäre und Trugbild das Bauwerk des Friedens,
Errichtet aus Seelen der Menschen, aus singenden Steinen,
Von Sehnsucht getrieben emporwachsend wolkenentgegen,
Von ewiger Schönheit verklärt?

O Töne der Zukunftsmusik, verloren in Wohllaut und Mißklang,
Im Rauschen der Welt, das aus Gestern und Morgen gemischt ist,
Verworrener Klang –

Aber hören wir denn, wie der Baum sich entfaltet, der junge?
Hören wir denn, wie die Liebe sich auftut im Herzen,
Wie ein Werk sich entfaltet und wächst in des Schaffenden Brust?

Denkt doch, wie lang sie am Werk waren einst in den Hütten
Und schufen aus glühenden Farben, aus Kobalt des Meeres,
Aus Abendrot, Goldsand, smaragdenen Wäldern des Frühlings,
Aus Sehnsucht und Freude und Liebe der Menschen die strenge
Leuchtende Rose, ein Fenster dem ewigen Licht.
Und immer war einer, der sagte, die Sonne geht unter.
Und immer war einer, der sagte, fürchtet Euch nicht.

Vom Kommenden hör' ich sie flüstern, die ewige Stimme.
Nicht von Maschinen spricht sie,
Nicht von Vermehrung der Ernten,
Nicht von gewonnenem Schiffsraum.

Zusammenklang sagt sie und Würde des Menschen und Freiheit.
Hoffnung sagt sie und Liebe, das süßeste Wort.

EWIGE STADT

Fremd mutet Euch dies alles an. Vergeblich
Sucht Ihr die Lampen, kleine warme Sonnen
Im Piniengezweig. Und lauscht vergeblich
Dem Hufschlag hell wie von gesprungenen Glöckchen,
Dem Nachtgesang, den alten Liebesstimmen
Im mondbeglänzten Circusrund.
Fremd Euch die bläulich starren Lichterketten
Fremd im Gewölbe Glas und Nickel blitzend
Und Stahlrohrbein wie Spinnenfuß gestreckt
Fremd auf dem Tisch das hitzige Getränk
Darin Eisstücke klappernd sinken steigen
Fremd die Gesichter und wie Asche fahl
Unendlich fortgesetzt im Spiegelschein –
Wem wächst das Brot? wer liebte noch die Liebe?
Wo fließt noch der goldne Castelliwein?

Und wenn Du die Brunnen suchst, wo die schlaflosen Kinder spielen
Und haschen den Nachtschmetterling
Und zertreten ihn unterm Fuß.
Warum springen die Brunnen nicht mehr, da noch so herrlich wild
Aufbäumen sich Meeresrosse und trunken heiter
Tritonen blasen das Muschellied?
Und Furcht überkommt Dich, wenn die Guitarrenspieler
Die beiden hingehen drüben von Tisch zu Tisch
Und ihre Finger zupfen geschwinde Krallen
Die alte Melodie Funicola
Doch ihre Gesichter sind starr wie Masken des Todes.
Und Furcht überkommt Dich, wenn die Nachtgewitter
Verziehen zu Häupten der Stadt und doppelgesichtig
Blitze werfen über die sieben Hügel.
Nicht rasche, die kommen vergehen.

In ihrem grünen Licht wachsen die Kuppeln auf.
Regen fegt über die Dächer, die Treppen glänzen verödet.
Der Donner fällt, ein kurzer scharfer Hall
Und funkelnd schön von vielen Opfern satt
Aufsteigt das goldene Tier über der ewigen Stadt.

Und bist Du nicht einer von denen, die wiederkehrten
Aus Zeiten des Unterganges und saßest Du nicht
Noch auf dem Kirchendach jüngst mit den Löschgeräten
Und es kam über Dich die zweite, die dritte Welle
Und die Glocken fingen von selbst zu läuten an,
Und einziehen sahst Du sie all in den feurigen Ofen
Die Heiligen alle und Männer mit Kreuz und Krummstab,
Und hinter Dir hattest Du längst die Furcht und schrieest vor Lust
Unterzugehen für immer. Und gingst nicht unter
Und kommst an die Stätten zurück, die erhaltenen, siehst:
Gar nicht alles ist ausgelöscht vom Gesicht der Erde.
Tabula rasa.

O wie legen sich Dir auf die Brust mit Berggewichten
Die Dome Paläste und Säulen und bronzenen Türen.
Schreien möchtest Du, seid Ihr noch immer da
Madonnen lächelnde und Engelkränze
Gebäumte Leiber der Sklaven und heischt Ihr noch immer
  [Bewunderung?
Aufsässig wanderst Du hin durch den Saal der Vergangenheit.
Und verbergen willst Du das Haupt, irgendwo, wo es still ist.
Im Höfchen bei rostroten Mauern, bei zerbrochenen Jünglingsleibern
Im bitteren Dufte des Lorbeers.

Und immer wieder triffst Du den sehr Armen
Die schwarze Haut gedörrt von fremden Sonnen
Der schläft, den Kopf auf dem Nomadenstroh.
Den Weggeschickten von der Mutter Heimat

Den Überzähligen, den die Weizenäcker
Die schweren Reben fortgedrängt ins Meer.
Der lang an der Quaimauer lag, wo die staubweiße Sonne glühte
Im Niemandslande der Häfen.
Der fortfuhr mit dem Schiff, das den Namen Not trug
Und verweilte in dem Lande, das den Namen Arbeit trug.
Den, als er wiederkam, den Tod im Leibe
Die Heimat begrüßte, sei mir willkommen Du,
Weil sich die beiden, Tod und Heimat vertragen,
Der viel gehungert hat, aber jetzt ißt sein Tod sich satt,
An den schwarzen Trauben der Heimat, jetzt läuten für ihn
Alle die Glocken der ewigen Stadt ...

Was ist aus der alten Totenstraße geworden?
Eine Lichterreihe landüber, glänzende Schnur
Ein Brausen von Motoren zwischen Mauern
Mühsamer Atem, Scheu vor fremden Gliedern
Blick in die Leere, zwischen Tag und Schlaf.
Und doch vielleicht beim kurzen Aufenthalt
Erkennst Du wieder das Tor, die gestaffelte Mauer
Und feldüber die flüchtigen Arkaden, die Wasserträger
Und den Geruch von Korn und die schwarzen
   [Schwalbenschwanzzinnen
In den goldenen Himmel gereckt. Und der Fledermäuse
Gerüstloses Flattern im dämmernden Piniengezweig
Das sich aufhebt und sinkt mit dem Winde. Ja, dort erfährst Du
Dein Nicht-mehr-ich. Die Ablösung, Erlösung
Von dem was war und wird. Den Hauch Vorbei
Beim alten rätselhaften Wirtshausschild
«Hier stirbt man nie. Qui non si muore mai».

Steig tiefer noch, ins Dunklere hinab
Steh in der Quellenkammer bei den nackten
Karyatiden. Ritze Deinen Namen
Zu andern Namen ihnen auf den Bauch.
Suchst Du nicht Schatten? Hier ists schattenkühl.
Kleinblättrig saftig zittert überm Tuff
Wassergewächs, sprühregenüberronnen.
Bist Du nicht müde der vielen funkelnden Sonnen
Und schmeckst den Faulgeruch, den Frischgeruch
Wie alte Labe. Hierher ist noch nie
Der weiße mörderische Gott gedrungen.
Es tropft die Zeit und will nicht mehr von Dir
Als dumpfe älteste Erinnerungen.

Wo Dir die Verwandlung geschieht, Du weißt es nicht.
Ob bei der Quelle, wo alles jungfräulich wird
Oder später am Abend, wenn das Feuerwerk
Aufbricht endlich über den Häuptern der Wartenden,
Die sich drängen am Fluß und es steigt die erste Rakete
Rauschend aus der beklommnen Riesenbrust.
Und alles verwandelt sich droben, dem Feuerkelch
Entsinken die silbernen Kugeln, die Monde über den Brücken.
Aus weißer Sonne bricht ein Katarakt
Von Flammen nieder. Sterne sinken bunt
Wie Blumennebel durch die schwarzen Zedern
Am Hügelrand. Und dann kein Atem mehr
Kein Schließen mehr des großen Augenlids
Hagel aufs Trommelfell, kaum mehr erträgliches Bersten
Ein Hohn dem Terror, Hohn dem Tod. Und doch
Wie glühst Du, ins Unendliche gerissen
Wenn die letzten feurigen Arme das Tal umgreifen
Wenn der letzte fallende Stern in Deinem Herzen zergeht.

Du Nicht-mehr-Du und Mehr-als-Du. Du Leib
Und Herz der Zeit und wann erkennst Du Dich
In Anderem wieder als der Spukgestalt,
Im Angesicht der schönen Amphitrite,
Die am Bug des Schiffes sitzt, das Kinn auf der Hand
Selig im Glanz der Ferne. Süß umrauscht
Vom Wind der Fahrt. O Einfall, Überfall,
Licht allen Lichtes, dies: Du liebst ja noch.
Das aufgeht, reine Sonne, immer wieder,
Und alle Schatten kommen, trinken Blut.

Und noch immer willst Du nicht wissen wer es gemacht hat
Und zu welcher Zeit seines Lebens. Aus welchem Holze
Und wer seine Lehrer waren und wen er lehrte.
Das ist dem Flüchtigen, dem Todesschüler
Schon viel zu viel. Eintreten willst Du nicht
In die Ruhmeshalle der großen Erdrücker, der Götzen.
In ihrer Nähe hebt Dir der Blutgeruch an,
O wieviel Blutgeruch ist in der ewigen Stadt.
Aber Du sahst doch die Teppiche. Bläuliche Fische
Goldne im schimmernden Wasser
Und Du sahst doch den Jüngling im Mantel mit Sternen
Wie mit Silberdisteln bestickt.
Und Du stehst eines Tages wieder in der Rotunde
Vor dem marmornen Sarkophag mit den Kränzen und Putten.
Starb nicht mit ihm die Natur? O wunderbarer Fischzug.
Ille hic est Rafael –

Und es geschieht Dir, halb Geretteter
Wenn Du das Tor der Hellebarden wieder
Durchwanderst und die Tausendschrittegänge,
Die Statuenwälder Gehege von marmornen Tieren
Wenn Dir vom Giebel der Vergangenheit
Das schöne Urpferd leuchtet – ach noch immer

Sind wenn Du kommst die Hostien ausgegeben
Und die Fanfaren der Audienz verklungen,
Die Schritte der Gesegneten zerstreut.
Nur daß im Saale vom verhangnen Fenster
Vielleicht ein Wind den schweren Vorhang weht
Dann stürzt Dein Blick ins unvermutete
Riesige Tal Sankt Peter, vogelgleich
Vorbei an funkelnden Lüstern und tanzenden Säulen
Dorthin wo die jubelnden Engel den Thron aufheben
Wo die Taube heimatlich wohnt im Herzen des Abendlichts.

Es reden die Steine von Rom, blühend im Neonlicht,
Im Scheine der Jupiterlampen, eisenklirrendes Echo
Zu jedem das gleiche und immer das alte: nimm auf Dich.
Nimm auf Dich die schmerzliche Schönheit und die Last
 [der Vergangenheit.
Und die Schwermut des Ackers von Rom, die die Schwermut
 [der Welt ist.
Nimm auf Dich das Alte, das nicht ausgetilgt wird
Und das Neue, das nicht kommt wie ein Weihnachtstag.
Nimm auf Dich die Unrast, den Lärm, die metallene Dürre
Und das Übermaß des Lichts, auf das alles hinausläuft.
Nimm auf Dich das Leben.
Reden hörst Du des nachts die Steine von Rom und die Brunnen,
Die wieder fließen im Herbst, wenn das Wasser von den Bergen
 [kommt.
Das Lebenswasser von dem die Hirsche trinken.
Nimm auf Dich die Liebe.

Wie oft dann, am Ende des Weges, der viel umschloß
Die weißen Stengelblumen, fest gefügt
Wie Telegraphenglöckchen, den marmornen Fuß
Und die Schwalben abendlich schreiend. Den windzerrissenen
Rauch überm Trümmergebirge der Termen, wie oft

Erblickst Du am Ende des langen Weges wieder
In der Hütte aus Bambus, klar wie im Bühnenlicht
Das Spiel der Liebe. Jüngling und Mädchen im Kusse
Und die Kinder davor auf der Bank. Die ernsthaften Schüler.
Und ein Regen kommt von den Bergen, die Kinder entfliehen
Aufrichten sich rauschend die farnesinischen Gärten
Alternde Rosen heben zu duften an
Und die Liebenden wissen nichts, nichts von den Reden der Rostra
Von wächsernen Ahnen und Adlerseelen gen Himmel.
Nur daß der Regen rauscht und einer den Augen des andern
Abliest den unendlichen Segen.

TUTZINGER GEDICHTKREIS

Zu reden begann ich mit dem Unsichtbaren.
Anschlug meine Zunge das ungeheuere Du,
Vorspiegelnd altgewesene Vertrautheit.
Aber wen sprach ich an? Wessen Ohr
Versuchte ich zu erreichen? Wessen Brust
Zu rühren – eines Vaters?
Vater, Du, riesiger Sterbender,
Verendend hinter dem Milchfluß,
Vater, Du, Flirren der Luft,
Herfunkelnd vom fliehenden Stern –

Zu reden begann ich mit dem Unsichtbaren
Und sagte: ich verstehe nichts,
Ich bin wie ein Stein, der daliegt, ein Hindernis glotzäugig fest.
Ich bringe nicht einmal fertig, über die Straße zu gehen.
Deine Stimme gellt mir im Ohr, zerreißt meine Eingeweide.
Schaudern macht mich Dein furchtbares accelerato.
Du hast mich aus Deiner alten Erde gemacht,
Die nichts mehr gelten soll. In meiner Brust
Hast Du die alten Gefühle aufgeweckt,
Die kein Gewicht mehr haben in der Zeit.

Sieh die Häuser, die wir aufführen in Deinem Namen
Mit Wänden aus Glas. Die eisernen Fabeltiere,
Die ihre Greifarme schwingen durchs Blau des Himmels.
Die wandernde Flammenschrift, das zuckende Lichtrad.
Unsicher alles und schütter schon unter dem Richtkranz.
O wie begreifbar das alte dazwischen Gestreute.
Der steinerne Riese, gebeugt unterm Bogen des Torwegs,
Die geschleppte Sonate, das langsame Leichenbegräbnis.
Alles gehörig der Erde. Aber das Neue,

Eingeboren dem funkelnden Licht und der Windsbraut,
Flüchtig wie lange schon der alte Atlas,
Hintreibend durch die Wolken heimatlos,
Tanzend in magischen Schuhen –

Sieh, Deine Straße ein Rohr für geschwinde Geschosse,
Ein Becken für Raubfische, glutäugig stille.
Ein Meeresarm, hüpfend von Mordlust.
Vorbeigerissen schwankende Gesichter,
Windhauch verlorener Seelen. Überglänzt
Von Feuerauge, Abendsonne, Bergsee.
Wer öffnet zwischen Tod und Tod die Gasse?
Gleitet, Ihr Sterblichen –

Gefallen hast Du am Räderwerk, das nicht stillsteht,
An den tanzenden Lettern am Dachfirst, den rollenden Treppen,
Den Aufzügen, die Tag und Nacht in Bewegung bleiben,
An den stampfenden Kolben, dem unaufhörlichen Band.
Wenn die Jünglinge auf ihren knatternden Rädern
Um Mitternacht durch die Straßen brausen, lächelst Du.
Lieber sind Dir die donnernden Flugzeuge, als Schwärme der weißen
　[Tauben.
Recht ist Dir alles, was Aufbruch heißt.
Die Bündel der Flüchtlinge sind Deine Opfergaben,
Die Schritte der Vertriebenen zählst Du hinzu Deinem Herzschlag,
An den tödlichen Abschieden trinkst Du Dich satt.

Unwirtliche Wohnung. Austauschbares Gerät,
Unauffindbares Gestern. Zerfallen in einem Tag,
Nicht ansprechbar die Toten. Ausgelöscht
Der Reigen seliger Geister, aufgezehrt
Das Fleisch, das einmal unter uns gewohnt.
Wer ausgeht, gerichtet zu werden, findet keinen Richter mehr.
Wer ausgeht, die Alten zu fragen, bekommt keine Antwort.

Abgebrochen hast Du das alte Gespräch.
Wenn wir fragen, zu welchem Ende,
Schweigst Du.
Wenn wir fragen, warum so geschwinde,
Schweigst Du.
Wenn wir hingehen und tun, als wärest Du gar nicht da,
Läßt Du uns bauen den Turm bis zum obersten Stockwerk.
Stürzt ihn mit einem Nichts von Atem ein.

Im Herzen derer, die Dein Feld bebauen,
Am Weinberg Deinen Rebenschößling biegen,
Erweckst Du Fluchtgedanken, große Unrast.
Läßt sie aufschauen von der Furche, der Straße nach,
Die sich im Tal verliert. Läßt sie erschauern
Vor der Einsamkeit der Herbstabende und dem traurigen Brüllen
  [im Kuhstall.
Ihre Ohren machst Du feindselig gegen die Stille.
Ihr Dorf heißt Immergewohnt,
Ihr Haus heißt Niemalsverlassen.
Wenn die Motoren brüllen, zuckt ihr Herz.

Es ist, als ginge Dir alles nicht schnell genug.
Du bist wie ein Hausherr, der ausräumt – gestern die alten Sprüche,
Heute die Bilder, morgen die sichere Bettstatt.
Worauf sollen wir schlafen? Ihr schlaft nicht mehr.
Wovon sollen wir essen? Ihr eßt nicht mehr.
Wohin werden wir reisen? Schon lange bist Du aufgebrochen,
Keine Fußspur im Sande. Kein Zweig geknickt.

Aufbruch wohin? Straße durch keine Ortschaft
Glattes Band aus Asphalt über die nackten Höhen.
Wer sich wachhalten will, muß aus dem Äther
Musik herholen. Wolfgang Amadeus
Am Cembalo bei nackten Föhrenstümpfen.

Oder mitnehmen einen, den Fremden vom Straßenrande,
Den vielleicht Mörder. Nur um seiner Stimme,
Der brüderlichen willen, unterm Mond.

Fortgenommen hast Du uns unsere Schuld,
An die wir uns halten konnten, das Bleigewicht,
Und ausgelöscht das finstere Gegenbild,
Dem wir entrinnen konnten in Deinen Schoß.
Ausfahrende sind wir geworden, Springer wie auf dem Mondball,
Wechseljährige ohne Gleichgewicht,
Notenköpfe, die hineilen ohne Taktstrich,
Ohne Fermate.

Du bist bei allen Werken, die wir tun
Mit der Gewißheit, sie nicht zu vollenden.
Du wirfst Deinen Schlagschatten über das weiße Papier
Und den aufgeschütteten Bahndamm. Eingebaut
In unsere Brust hast Du ein Räderwerk.
Eine Zeitansage, die niemals zum Schweigen kommt.
Vierzehn Uhr vierundzwanzig. Nicht für immer.
Vierzehn Uhr fünfundzwanzig. Wem zuliebe?
Vierzehn Uhr sechsundzwanzig. Umsonst.

Die Sprache, die einmal ausschwang Dich zu loben,
Zieht sich zusammen, singt nicht mehr
In unserem Essigmund. Es ist schon viel,
Wenn wir die Dinge in Gewahrsam nehmen,
Einsperren in Kästen aus Glas wie Pfauenaugen
Und sie betrachten am Feiertag.
Irgendwo anders hinter sieben Siegeln
Stehen Deine Psalmen neuerdings aufgeschrieben.
Landschaft aus Logarithmen, Wälder voll Unbekannter,
Wurzel der Schöpfung. Gleichung Jüngster Tag.

Zwischen Liebe und Liebe setzt Du das alte Tabu,
Die Furcht vor einer Krankheit ohne Namen,
Deren Erscheinungen sind
Absterben der Glieder,
Atem mit Todesgeruch,
Würgegefühl am Hals.
Ein Ton ist in der Luft Vorüberzug,
Furcht schließt das Sämanns Faust. Der Schoß der Erde
Wird winterlich, und in der goldenen Kammer,
O das Alleinsein Brust an Brust.

Mit denen, die Dich auf die alte Weise
Erkennen wollen, gehst Du unsanft um.
Vor Deinen Altären läßt Du ihr Herz veröden,
In Deinen schönen Tälern schlägst Du sie
Mit Blindheit. Denen, die Dich zu loben versuchen,
Spülst Du vor die Füße den aufgetriebenen Leichnam.
Denen, die anheben von Deiner Liebe zu reden,
Kehrst Du das Wort im Mund um, läßt sie heulen
Wie Hunde in der Nacht.

Du willst vielleicht gar nicht, daß von Dir die Rede sei.
Einmal nährtest Du Dich von Fleisch und Blut,
Einmal vom Lobspruch. Einmal vom Gesang
Der Räder. Aber jetzt vom Schweigen.
Unsere blinden Augen sammelst Du ein
Und formst daraus den Mondsee des Vergessens.
Unsere gelähmten Zungen sind Dir lieber
Als die tanzenden Flammen Deines Pfingstwunders,
Sicherer wohnst Du als im Gotteshause
Im Liebesschatten der verzagten Stirn.

Das aber ist Deine Verwirrung, daß Du der Berge Gestalt
Nicht änderst und den Schattenhauch der Täler.
Die schweren salzigen Meereswellen steigen
Und fluten hin wie ehdem unterm Funkspruch.
Nicht schneller vollzieht sich die alte Wanderung
Der Fische quellwärts und der Aufbruch der Schwalben
Zu Mariä Geburt. Nicht rasender dreht sich die Erde.
Ebbe und Flut halten immer den gleichen Abstand.
Tag und Nacht vermischen sich nicht.

Das ist Deine Verwirrung. Daß Du das Schöne nicht
Fortnimmst vor unseren Augen. Nicht die Rose,
Nicht die liebliche Zeichnung des Windes im Dünensande,
Nicht Lilie und Rittersporn aus den Gärten der Niederung.
Daß Du nicht ausrottest in unseren Herzen
Das Verlangen nach Mondlicht am Sommerabend,
Nach den gelben Stichen des Stoppelfeldes unter der Sohle.
Während Du doch auf etwas ganz anderes aus bist,
Auf die Blume, die nicht mehr duftet, auf das gewürzlose Fruchtfleisch,
Auf die eisigen Spiele der Nordlichter über dem Hang.

Manchmal kommt es uns vor, als müßten wir
Dir nachrufen, sagen, was aus uns geworden ist,
Allein gelassen zwischen Tür und Angel,
Und wie die Freude aussieht Deiner Kinder,
Die springen und sich aneinanderreißen
In schwarzen Kellern oder dasitzen schweigend
Beim Trommelwirbel vielen Herzschlag lang.
Und wie das klingt, der Überfallsirene
Finsteres Auf und Ab und der Schrei in der Dreschflegelgasse,
Und wie die Knaben fortgehen in der Nacht
Und ihre Zeichen auf die Mauern malen,
Und keiner weiß, in welchem Du Dich birgst...

Und manchmal kommt uns vor, als müßten wir
Vor Dein Angesicht bringen alles, was Du gemacht hast,
Es aufzuheben gegen Deine Kälte.
Ausschreien will ich Dir wie auf dem Jahrmarkt
Das Pappellaub, das silbern steht im Windsturz,
Den Schuppenglanz der Fische, das seltsame Auge des Zickleins,
Das schöne pestgefleckte Ahornblatt.
Wie die Windharfe sang in den Bäumen,
Wie die Flöte des Hirten in Argos,
Ausschreien will ich dies alles und zuletzt
Die Freude meiner Liebe,
Ach, Dein Gedächtnis.

Denn längst sind Dir unsere Tränen zuwider geworden.
Das süße Liebesmahl im Reich der Toten,
Der Zug der Palmen und der Lilienstengel,
Der abendliche Trost des Wiedersehens.
Geätzt mit Säure hast Du wie wildes Fleisch
Und absterben lassen die schöne Ausgeburt.
Vergeblich versuchen wir in Deiner Schwärze zu hecken.
Ein Fetzen rot und blau, ein Funkenregen
Unter den Lidern. Mehr gelingt uns nicht.

Jüngst doch hatten wir Tränen. Wer erinnerte nicht,
Wie sie hervorbrachen, jählings. Wie unsere Gesichter hüpften,
Verzogen zu Fratzen. Getränkt von der Unze Salzflut,
Und das Geräusch, das eingezogene
Und klagende, und wie der fremde Aufruhr
Uns endlich hinwarf an den Rand des Schlafs.
Es hat Dir gefallen, uns auzutrocknen
Wie gelben Stockfisch. Tränenlos
Lehnen wir steif an der Schwelle der Totenbetten,
Kein Zucken des Mundes mehr für die enttäuschte Hoffnung,
Kein Schluchzen mehr für die verlorene Heimat.

Der Verratene wird schon Mittel und Wege finden,
Das zu zerstören, was er sein Leben nannte,
Gründlich, trockenen Auges.

Jüngst noch wußten wir,
Was oben und unten ist.
Jeder kannte so etwas wie eine Himmelsleiter
Und die moosigen Stufen quellab.
Es hat Dir gefallen, uns auf einen Teller zu setzen.
Wenn wir die Hand ausstrecken, rühren wir an die Verwesung.
Mitten am Tage sind wir unterweltlich.
Mitten am Tage heben wir das Haupt
Ins eisige Licht der Sterne.

Jüngst noch scheuchtest Du uns zurück in die Erde,
Preßtest die Stirn uns in den grauen Staub,
Die bleichen Keime des Kartoffelkellers.
Aufwachsen ließest Du Urwälder mitten
Im Herzen der Stadt und Tiere weiden
In den Gärten unserer Verzweiflung.
Du hast den schwarzen Vorhang Nacht verbrannt,
Die Schlupflöcher hast Du vermauert und zugeschüttet die Gräben,
Aus denen wir auferstanden, Trunkene
Vom Hauch der Erde und fortan nicht mehr.

Denn Du wirst uns schlagen mit Wachsein.
Mit unaufhörlichem Blendlicht.
Auffindbar werden wir sein überall,
Auch im Rausch der Droge,
Auch in den Gärten des Wahnsinns.
Übersehbar die Steppe Fremdheit,
Gerodet der Wald Geheimnis,
Unsere verschwiegenste Tiefe
Durchsichtig wie Glas.

Du wirst Dich uns nicht mehr begreiflich machen,
Nicht auflösen Deine Verwirrung,
Nicht wiederholen die Tage, da wir gestillt
In Deinen Gärten das Haupt verbargen.
Getränkt mit Unbehagen ist das Erdreich,
Voll von Salzen und Säuren, an dem wir uns festhalten müssen.
Niemand wird mehr mit seiner Hand berühren
Die Wunden Deines alten Opfergangs ...

Und dennoch wirst Du fordern, daß wir Dich
Beweisen unaufhörlich, so wie wir sind
In diesem armen Gewande, mit diesen glanzlosen Augen,
Mit diesen Händen, die nicht mehr zu bilden verstehen,
Mit diesem Herzen ohne Trost und Traum.
Aufrufen wirst Du Legionen der Ungläubigen
Kraft Deiner lautlosen Stimme Tag für Tag,
Ihre Glieder werden hören,
Ihr Schoß wird hören,
Essen und trinken werden sie Dich,
Ihre Lungen atmen Dich ein und aus.

Verlangen wirst Du, daß wir, die Lieblosen dieser Erde,
Deine Liebe sind.
Die Häßlichen Deine Schönheit,
Die Rastlosen Deine Ruhe,
Die Wortlosen Deine Rede,
Die Schweren Dein Flug.

Jeder wird wissen, daß dieses von ihm erwartet wird,
Etwas wogegen Atombomben ein Kinderspiel sind.
Und aufbegehren wird er und sagen, wie kommen wir dazu.
Und sagen, wie häßlich ist es, erwachsen zu werden.
Und aufzubleiben in der Nacht, allein.
Aber jeder wird wissen: dies ist Dein letztes Geheimnis.

Dein Fernsein Deine Nähe,
Dein Zuendesein Dein Anfang,
Deine Kälte Dein Feuer,
Deine Gleichgültigkeit Dein Zorn.

Und einige wirst Du bisweilen beweglich machen
Schneller als Deine Maschinen und künstlichen Blitze,
Überflügeln werden sie ihre Angst.
Fahrende werden sie sein. Freudige.
Reich wird und voll von Süße sein
Die Begegnung, der Gruß im Vorüber.
Nisten werden sie in ihrer Heimatlosigkeit
Und sich lieben in Tälern des Abschieds.
Gleitet Ihr Sterblichen –

DIE KINDER DIESER WELT

Die Kinder dieser Welt hab ich gesehen.
Mein Bruder hatte sie eingeladen
Über die sieben Berge zu fahren.
Über die sieben Berge fuhren
Die Kinder dieser Welt.

Auf dem ersten Berg war Jahrmarkt.
Die Kinder riefen, halt an.
Da tanzten über dem Rasenzelt
Milchblaue Bälle mit Nasen.
Haben, riefen die Kinder der Welt.

Auf dem zweiten Berg lief der Sturmwind
Und die Kinder schrien, hol ein.
Sie stampften und griffen ins Steuerrad
Sie ließen die Hupe gellen.
Ich weiß nicht was mein Bruder tat
Um ihrer Herr zu sein.

Auf dem dritten Berg stand die Nebelkuh
Und leckte über das Gras.
Da machten die Kinder die Augen zu
Sie fragten, sind wir nicht blaß?
Wir stürzen in die tiefe Schlucht.
Wer weiß, wer unsre Knöchlein sucht.
Sterben, sagten die Kinder der Welt.

Auf dem vierten Berg war ein Wasser.
Und mein Bruder sagte, vorbei.
Da wollten die Kinder ihn schlagen
Sie sprangen vom fahrenden Wagen

Mitten in den See.
Sie schwammen dort in der Runde
Tief unten am steinigen Grunde
Wie die Kinder der Lilofee.

Auf dem fünften Berg schien die Sonne
Wie sieben Sonnen klar.
Da streckten die Kinder die Arme aus
Und beugten sich weit zu den Fenstern heraus
Mit wehendem Haar
Und winkten und sangen laut dabei
Wie süß die sündige Liebe sei.
Küssen, sangen die Kinder der Welt.

Um den sechsten Berg schlich der Mondmann
Klein und gebückt.
Seinen Hund an der Leine.
Da rückten die Kinder zusammen.
Mein Vater ist verrückt
Mein Bruder hat keine Beine
Meine Mutter ist fortgegangen
Kommt nicht zurück ...

Auf dem siebenten Berg war kein Haus
Und mein Bruder sagte, steigt aus.
Da wurden sie alle traurig
Und ließen die Luftballons los
Und das lieblichste übergab sich
Gerade in seinen Schoß.

Sie gingen eins hierhin, eins dorthin
Die kleinen Fäuste geballt
Und wir hörten sie noch von ferne
Trotzig singen im Wald.

HIROSHIMA

Der den Tod auf Hiroshima warf
Ging ins Kloster, läutet dort die Glocken.
Der den Tod auf Hiroshima warf
Sprang vom Stuhl in die Schlinge, erwürgte sich.
Der den Tod auf Hiroshima warf
Fiel in Wahnsinn, wehrt Gespenster ab
Hunderttausend, die ihn angehen nächtlich
Auferstandene aus Staub für ihn.

Nichts von alledem ist wahr.
Erst vor kurzem sah ich ihn
Im Garten seines Hauses vor der Stadt.
Die Hecken waren noch jung und die Rosenbüsche zierlich.
Das wächst nicht so schnell, daß sich einer verbergen könnte
Im Wald des Vergessens. Gut zu sehen war
Das nackte Vorstadthaus, die junge Frau
Die neben ihm stand im Blumenkleid
Das kleine Mädchen an ihrer Hand
Der Knabe der auf seinem Rücken saß
Und über seinem Kopf die Peitsche schwang.
Sehr gut erkennbar war er selbst
Vierbeinig auf dem Grasplatz, das Gesicht
Verzerrt von Lachen, weil der Photograph
Hinter der Hecke stand, das Auge der Welt.

KARTE VON SIZILIEN

Ich zeichne Euch den Umriß. Einen Flügel
Wie von der Schulter einer Siegesgöttin.
Den Aufriß, eine Scholle Felsgebirge
Stehen geblieben unterm Glanz der Sonne
Indes mit Tang und Sand und Zug der Fische
Das Meer die süßen Ebenen bedeckt.
Das dunkle Strichwerk meint den Sturz der Hänge.
Flußtäler sieben bleiben ausgespart.
Ein Zackenkranz der Berg, wo Eis und Feuer
Heilige Hochzeit halten. Jetzt rückt näher
Am Abendtisch. Den Ölkrug heb ich auf.
Wo ich die Tropfen fallen lasse, wachsen
Wälder von schwarz und silbernen Oliven.
Wo ich das Brot zerkrümle, weht die Saat
Auf roten Hügeln, weiter Weg der Pflugschar.
Das weiße Salz im Osten ausgeschüttet
Meint Nahrung aus dem Meere, Salz und Fische
Aber das gelbe Mondviertel Citrone im Norden
Schatten der Laubendächer. Süßen Blühduft.
Die roten Pfeile, ausgestreckt im Meer
Dieser vom Festland, dieser von Afrika,
Dieser von Spanien, der aus der Peloponnes
Sind die Schiffswege der fremden Eroberer.
Nun hebt vom Gartenpfad die weißen Kiesel
Zu zweien, dreien. Glänzen sie Euch nicht
Tempeln und Domen gleich im Mondeslicht –
Doch stampf ich mit den Füßen, seht
Wie sie schüttern und tanzen
Wie im Beben der Erde der fällt, der steht.
Die Lampe rück ich fort und wieder her
Und wieder fort. Nun Licht. Nun Dunkelheit.

Glanz und Verderben, ewiger Widerstreit.
Wo ist der kleine Bauer, den ich mir
Aus Brot geknetet? Dieser steht noch immer
Die Hacke in der Hand. Ein wenig tiefer
Gebeugt als zu Beginn. Was ist das Ganze?
Brot, Blut und Stein. Ein Stückchen Abendland.

PALERMO

In Palermo der Spruch aus der fünfundfünfzigsten Sure:
Gelobt sei Gott, der Herr der Jahrhunderte

In Palermo die winzige Fratze Cherubim
Sodom in Flammen, Simon Magus Sturz

In Palermo das tropfnasse Pflaster lavaschwarz
Giftgrüner Kohl, flatternde Wäsche der Armen

In Palermo die Gräber, kaiserlicher Porphyr
Zu Staub zerfallende Tunika, Krone und Schwert

In Palermo die Seufzer der steinalten Männer bergauf
Mit Körben voll triefendem Gras

In Palermo die glitzernde Kirche Juwelenschrein
Gelsomine am Brunnen verzweigt

In Palermo die spitzige Trauer Kindergesicht
Hungerbauch, brennender Ausschlag

In Palermo die mächtigen Winterwellen am Strand
Gewitternebel, Regenbogen, Rostschiff

In Palermo der schweigende Garten Sterbegeruch
Fleischfarbene Blüten, eisenblaues Gras

In Palermo das scheppernde Glöckchen Tagvorbei
Stimmen der Wächter hinter Abendbüschen:

Si chiude.

SEGESTA

In der Hand das Gefühl von winzigen Schneckenhäusern
Zwergpalmenschäften und Dornen der Aloe.
Unterm Fuße Geröll und uralten Pflasterstein.
Im Ohr das Angstgeschrei der kleinen Vögel
Der Bewohner der Schlucht, der aufgescheuchten
Vom Flügelschlag des Räubers.

Regen, Regen
Auf dem Dach der hilflosen Hütte.
Gespräch der Eingeschlossenen von alter Sorge
Uralter Krankheit Armut.

Am Nachmittag der helle Streifen Blau
Im Westen. Fortgeschoben Zoll
Um Zoll die schwere Decke. Irisfeuer
In jedem Tropfen. Macchiagesumm.

Maultiergespanne wachsen aus dem Acker
Pflüge der Vorzeit. Einsame Eselreiter
Schwarze, erscheinen wieder am Saume des Himmels.

Die Abendsonne saugt ertrunkene
Gehöfte aus dem Schlamm und Fensterscheiben
Mit kleinem rotem Licht darin zu glühen.

Vögel reißen empor die verkrusteten Wälder.
Schmetterlinge rasten auf Kohlrippen
Auf den eisernen Sternen der Artischocke.

Tief in die Nacht, die andre Verlassenheit
Leuchtet der namenlose
Unvergängliche Tempel.
Säule und Schwelle
Und die erhabene Stirn.

SELINUNT

Was sie vom Krieg erzählen, von den tausend
Zerstörten Städten, überrascht mich nicht.
Gott hat die sechzig Säulen des Tempels C
Auf einmal umgeworfen. Er hat dazu
Keine Bomben und keine schweren Geschütze gebraucht
Nur einen einzigen tieferen Atemzug.

Fremde kommen, wenn die Mandelwälder
Blühen, viele über den Hügel.
Die Sonne blitzt in ihren Windschutzscheiben.
Nicht nach Schafwolle riechen sie, nicht nach Erde
Ihre Kleider fühlen sich an wie gesponnenes Glas.
Keiner weiß, wie das ist, wenn der Abend kommt
Wenn die letzten Scheinwerfer hinter den Bergen verschwinden
Wie dann die einsamen Hunde bellen landüber
Wie unter den Sternen die Grillen schreien.

Mein kleiner Bruder hüpft im hölzernen Ställchen.
Die roten Lilien auf der Wachstuchdecke
Tanzen im Schimmer der Petroleumlampe.
Mein Vater sucht den schwangeren Schoß
Meiner gelben, verwelkten Mutter
An die verbrannte Küste schlägt das Meer.

Wenn mein Bräutigam ruft, der Lammträger, zittere ich.
Wasser gehen wir holen vom Brunnen der Totengöttin
Er preßt seinen Mund auf meinen Mund.
Niemals werd ich die gläsernen Nachtstädte sehen
Sagt die Tochter des Wächters von Selinunt.

HIC JACET PIRANDELLO

Ausbedungen hatte sich der Dichter
Ein anderes Grab. Ein luftigeres.
Leichenbegängnis bei Nacht im Armensarg
Gebein im Feuer und die Handvoll Asche
Vom Wind ergriffen, dem der gerade weht.

Heimgeholt wider seinen Willen hat man ihn
Urne zu Urne. Tönernes Gefäß
Zu tönernem Gefäß. Wo flüchtige
Mädchen der Quellgründe tanzen und fette Silene
Gefangene hinter dem staubigen Glas.

Welch eine Ruhstatt für den Ruhelosen
Die suchenden Füße
Die Brauen, die zuckten
Den Mund, der formte Tag und Nacht
Die finstere Sage der Armen.

Wie kann dem Wandernden behagen, hier
Umgang zu halten mit den lüsternen
Kustoden und den ausgesetzten Fremden?
Kein Schrei, kein Duft
Kein Strahl des Mittagslichts –

Tritt näher, sieh bei schon vergilbtem Buch
Die bauchige Amphore. Grund so schwarz
Wie Lavastein Siziliens, roter Schmelzfluß
Wie Weizenerde Agrigents.
Und Helena, die lieblichste, behütend
Das zerfallene Herz des Dichters.

JAHRESZEITEN IM BREISGAU

I

April der Kinderzeit gewitterschwüler
Geruch des steigenden Saftes. Schluchzender Kuckuck.
Die Irren weinen in dem Haus am Wege
O schweigender Wald überm See.

Schöne Kinder hat die Braut geboren
Alle sind sie ihr genommen worden
Totgesagt und heimlich fortgetragen
Schachteln, Schächtelchen voll toter Kinder
O schweigender Wald überm See.

Meinen Liebsten werd ich nicht begraben
Unter drei Schaufeln Sand und Hyazinthen
Der Tod ist ein Brief, fällt klappernd in den Kasten
Man muß ihn rollen und hinunterwürgen
O schweigender Wald überm See.

Dem Wächter zahl ich Wein, Blut meines Lebens
Daß er mich einläßt in die tiefe Barke
Die im Museum steht, im Hinterzimmer.
O letztes Bild gespiegelt im zitternden Wasser
Schweigender Wald überm See.

II

Bienenwolke um den Turm der Linden
Seh ich dich, goldene, stehen und höre die Regenstrahler
Mit hellem Geknatter über die Äcker schleudern
Siebenfarbenen Staub. Seh ich das Heu
Auffliegen ins junge Nußlaub und die Kühe
Am Brunnen trinken, weiß ich, keiner hält
Den Schwung des Rades. Stürme werden gehen

Herbstliche wieder. Panzerräder rollen
Über den blinden Kies. Es wird der tote
Soldat aufs neue in der stillen Christnacht
Im Schnee des Hofes liegen. Keiner kennt ihn.

O ihr unendlichen Jahre. Ein Abend kommt
Mit dem Grün des Meeres, dem Flaum der Flamingobrüste
Die Kinder spielen, haben weiße Haare
Silberner Aussatz säumt die Junirose
Die Linde blüht wie je und je.

III
Zeit ist zu gehen in das Haus des Freundes
Und vom beinweißen Nußfleisch zu essen.
Der See des Himmels steht aufrecht im Fenster.
Der Erde keiner hat so schöne Boote
Gezackte goldene, die westwärts ziehen.

Wollust der frühen Nacht, sich zurechtzulegen dem Schlafe
Dem Sturz vom Turm, der donnernden Verfolgung
Der schwarzen Pferdehufe. Und zu wissen
Hofüber noch der alte Hahnenschrei –

Wenn die Blätter fallen, steigen die nutzlosen Drachen
Rauschend gen Himmel und zucken in Fäusten der Knaben.
Ihr Schatten läuft gespenstisch übers Feld.

Sonne, die nichts mehr reift, Oktobersonne
Löwe, nebelzerfetzender, herrlich
Aufspringend gen Mittag.

IV
Die goldene Nuß ist taub. O wie voll Ahnung
Wir uns Geschenke geben, Lösegeld
Und gehen mit Bäumen voll Kerzen und übersingen
Das Angstgeraun, die Totenzimmerwolke
Die aufsteigt aus dem Laub vergangner Tage
Das raschelt unterm Fuß. Und wann gelebt?

Sackgasse des Jahres, wenn die magischen Nächte zwölf
Uns überwerfen mit Schatten der Endzeit riesig.
Wenn, die wir nicht bewahrt, die weißen Tauben
Des Vaters gurren wild im Traumgeäst
Zieht wohl ein Hauch von Sommer, Rosenblüte
Fremd und geheimnisvoll vorbei.

Die Lieblosen werden zu Paaren getrieben.
Du dem ich am meisten schuldig geblieben
Bittest mich frei.

DER EINGEWEIHTE

Aus dem Tambourin hat er gegessen
Aus der Zymbel hat er getrunken
Ein

Knabe hockend im Reisfeld
Furcht mit dem Finger
Die schwarze Erde
Ein

Knabe springt über
Gespiegelte Wolken
Hierhin dorthin
Unter den Wolken
Ein

Knabe hebt seine
Stimme und Schwärme
Von Worten gehen
Wie Vogelzüge
Aus seiner Brust.

Irgendwo inmitten
Der brüllenden Städte
Ich
Senke das Antlitz
Schreibe.

OBERTÖNE

Die Rechte weiß nicht
Was die Linke tut
Der Tag nichts von der Nacht.
Aber der Zorn
Der mir das Auge verdunkelt
Schlägt alles mit an
Auch die zartesten Glöckchen
Auch die vergessensten
Töne der Liebe.

BRÄUTIGAM FROSCHKÖNIG

Wie häßlich ist
Dein Bräutigam
Jungfrau Leben

Eine Rüsselmaske sein Antlitz
Eine Patronentasche sein Gürtel
Ein Flammenwerfer
Seine Hand

Dein Bräutigam Froschkönig
Fährt mit Dir
(Ein Rad fliegt hierhin, eins dorthin)
Über die Häuser der Toten

Zwischen zwei
Weltuntergängen
Preßt er sich
In Deinen Schoß

Im Dunkeln nur
Ertastest Du
Sein feuchtes Haar

Im Morgengrauen
Nur im
Morgengrauen
Nur im

Erblickst Du seine
Traurigen
Schönen
Augen.

LIEBE SONNE

Wir glauben an diese
Unsere große
Freiheit zu sterben
Häuser unsere
Einstürzen zu lassen
Weingärten unsere
Brach –

Wir glauben es zwänge
Uns niemand aufzuerstehen
Späterhin in das Licht
In die gewaltige
Anstrengung ewigen Lebens.

Wir glauben es stünde bei uns
Niemanden mehr zu lieben
Und hintreiben zu lassen endlich
Erkaltet in kalten Schwärmen
Diesen unseren Stern.

Aber die unverminderte
Tägliche Zeugenschaft
Küssender Lippen
Liebe Sonne
Schöne Erde
Ewig ewig
Weiß es besser.

WENN ABER DIE KINDER

Verächtlich ist mir
Zu widerrufen
An der Schwelle des Alters
Die Angst und den Aufschrei
Den ungebärdigen
Meinen früher.

Ich bin nicht geneigt
Zu vergessen die Wundmale
Die verstümmelten Glieder
Die abgesunkenen Augen
Der von mir Verratenen.

Ich will mich nicht einzwängen in
Den spärlichen Sonnenschein
Grade für mich nur
Meines Erntetages
Und übersehen
In der Mulde des Kirchenstuhls
Die Unmasse der Feindschaft.

Wenn aber die graue
Welle der Waisenknaben
Über den Hügel herab

Weiße kleine
Dreiecksgesichter
In meine Hecke gedrückt

Äpfel rot
Blühendes Herbstblatt
Zeig ich den Kindern
Und den fremden glänzenden Vogel
Am Rande des Teichs.

PICASSO IN ROM

Zertrümmertes Antlitz des Menschen
Löwen- und Wolfsgesicht
Auftauchend inmitten
Und blutiger Halbmond

Ein Auge belauernd
Das andere. Zwischen gespaltener
Wange und Wange
Hervorgetrieben
Die Eiterbeule.

Kinder strotzen im
Bleichen gierigen
Fettfleisch. Dachüber
Schleicht die dämonische
Katze. Zerrissenen
Vogel im Zahn.

Und draußen um
Die zuckergußweiße
Säulenhalle

Die wundgefetzte
Von brüllenden Fahrgeschossen
Die leidende
Klarheit
Abend.

VORSTADT

Nur noch zwei Bäume
Sind übrig vom
Hain der Egeria
Nur noch zwei Lämmer
Von der großen Herde
Ein schwarzes
Ein weißes
Niemand
Sieht mehr am Abend
Die Zinnen der Mauer
Rötlich.
Vielstöckige Häuser
Kommen gelaufen
Stadther
Weiße mit blitzenden
Fenstern
Verschütten
Knaben auf
Knatternden
Zweirädern
Zahllose
Knaben
Ziehen ihre
Kreise aufrecht streng
Zügeln die schwarzen
Zypressen die
Mückenteiche
Hohlwege voll von
Blühendem Ginster.

OSTIA ANTICA

Durch die Tore: niemand
Treppen: fort ins Blau
Auf dem Estrich: Thymian
Auf den Tischen: Tau
Zwiegespräch aus Stille
Tod aus Käferzug
Abendrot im Teller
Asche im Krug.
Asphodeloswiese
Fledermäusekreis
Diesseits oder drüben
Wer das weiß –

TORRE SAN LORENZO

Der Winterstrand ist leer
Laß das singende Köfferchen stehen.
Das Meer ist niemandes Meer
Der Mond ziehts hin und her
Den wir nicht sehen.

Aus seinen Fluten trinkt
Das rote Wolkenlamm.
Der Alge Flügelkamm
Treibt über den goldenen Schlamm.
Adlerschrei Windgesang
Alles äonenlang
Nur wir vergehen.

GENAZZANO

Genazzano am Abend
Winterlich
Gläsernes Klappern
Der Eselshufe
Steilauf die Bergstadt.
Hier stand ich am Brunnen
Hier wusch ich mein Brauthemd
Hier wusch ich mein Totenhemd.
Mein Gesicht lag weiß
Im schwarzen Wasser
Im wehenden Laub der Platanen.
Meine Hände waren
Zwei Klumpen Eis
Fünf Zapfen an jeder
Die klirrten.

SPITALSHOF

I
Sitzt der Aussatz auf der Bank im Garten
Hand in Hand mit einer jungen Schwindsucht
Auf dem Schoß ein Kästchen Nachtigall.
Flirren Lichter im Platanenlaube
Lehnt an Streifenkittel Streifenhaube
Schluchzt die Nachtigall
Mit Dir
Mit Dir.

II
Zwei Rohrstiefelmänner
Hinab ins Kanalloch
Kommen nicht wieder

Zwei Rosenkranznonnen
Treppauf zur Kapelle
Kommen nicht wieder

Zwei Totentonnen
Hofüber ins Schauhaus
Kommen nicht wieder

Zwei Raubvögel ziehend
Sich suchend sich fliehend
Wieder und wieder.

III
Draußen vorm Tor ich weiß
Brüllt der Riese Leben
Rollt seine Kegelkugel
Würgt seine Lämmer.

Hinter den Mauern warum
Hör ichs so anders warum
Klingts mir wie Dreschflegelschlagen
Wie Reis hinterm Hochzeitswagen
Wie die Lerche die steigt –

IV

Mit dieser Art von Mut
Komm ich ganz gut abends spät
Singend zum achten Baum
Singend zum neunten Baum
Durch die halbe Allee.

Nur daß beim zehnten Baum
Die eiserne Jungfrau steht
Mit Armen mondbereift
Bückt sich
Greift –

V

Rad Rad im Kopf herum
Mühlrad das aufzieht
Eimerchen voll von Unglück

Wiedergekäut Tag und Nacht
Der Elendsbrei
Paternoster an Kammern
Des Schreckens vorbei

Schlecht gezielt
Hat der Heckenschütze
Der sonst so genaue

O läge *ich* da
Preßtest *Du* die Braue
An die weiße Gitterbettstatt

Rad Rad.

VI

Ich sah den Sterbenden, die Hand ums Trapez geklammert
Wie er anhob zum Salto mortale
Und die Taube schön friedlich geduckt
Auf die steinerne Schulter der Zeit.

Es war ein Geräusch in der Luft
Eine ewige Unheilssirene
Und die Rosen im Volksgarten blühten
Wie Rosen der Ewigkeit.

CASTELLEZLANDSCHAFT

I

Sommer entlassen entlohnt
Unter dem sinkenden Mond
Verschrieen von hungrigen Raben
Von leeren Honigwaben
Eicheln und Nüssen taub
Seele verdorben versteint
Mehr kein Ding mehr kein Ruf der Dich meint
Nur im Zimmer der rinnende Mohn
Nur im Augarten leisere schon
Spiele der Sängerknaben
Reigen, die schweigen begraben
Unter dem fallenden Laub.

II

Verstellt mein Haus
Zum Steppenrand
Unter die Herrschaft der Winde.
Die knieen das Herdfeuer aus
Die scheren das Rosenlaub
Die pfeifen wie Murmeltiere
Laß wehen, laß liegen den Staub
Bald schimmelt im Kasten der Brotlaib
Bald schweigt in der Lade die Uhr
Bald fallen die Briefe
Umsonst durch den Spalt
Nisten im Staube wie Tauben
Weiß auf dem finsteren Flur.

III
O dieser Geisterzwang
Nach vielen Tränen
Aufzustehen der Mond scheint
Nichts mehr in Dir ist unverweint
Aber mitten im Zimmer
Hebst Du die Arme drehst Dich
Ziehst lächelnd Schritt um Schritt
Den rauhen Schattenwalzer
Zu gar keiner Musik.

IV
Auf der Treppe Fallstricke gespannt
An den Fenstern Spione gerichtet
Geraun unaufhörlich von Tür zu Tür.
In der Parterrewohnung spielt
Der entlassene Sträfling Klavier
Kinderstücke weil er nichts Besseres kann.
Eines Tages ist er es leid.
Und geht in die Falle.

Wer fürchtet sich vorm schwarzen Mann?
Alle.

V
Täglich rücken die Bäume des Augartens näher.
Haben schon lange heimlich das Haus durchwachsen
Schon sitzt mir am Bettfuß das Käuzchen
Die Schlange raschelt am Herd.
Die Hügelwelle, die alte Wanderdüne
Zieht mir schwer auf die Brust mit ihren Wäldern und Türmen.
Wenn sie vorüber
Und dieses alles
Wer weiß ob ich atme.

VI
Was schreckt Dich der graue Flakturm
Mit seinem giftigen Schatten
Und hinter den Fensterschlitzen
Die verwüsteten Kasematten.

Kann sein Du legtest Dein Auge
Ans leere Geschützrohr und fern
Im Kranz von Wolkentrauben
Hinflöge der Venusstern.

STADTRUNDFAHRT

I
Vergessen kann ich nicht
Die goldenen Augen
Drei, die da schwebten
Den Bahndamm entlang
Übers Lupinenfeld
Über den Schafweidenhang
Immer mir zur Seite
Sanft bis zum Morgengrauen
Und erloschen im rauhen
Unerbittlichen Tag.

II
Eingekleidet in der Kammer.
Rock des Verlorenen
Hemd des Verlassenen
Schuhe des Heimatlosen.
Zu grüßen ist auf der Straße
Das Niemandsgesicht.
Haltung ist anzunehmen
Vor der Säule des Hochstrahlbrunnens
Und die Waffe zu präsentieren
Im Park vor der Sonnenuhr
Mit dem leise wandernden Schatten.

III
Ich Treibholz aus dem Lande Unbekannt
Geflößt von den schnellen
Lehmbraunen Hochwasserwellen
Mit meinen Astlochaugen blick ich auf
Zu den Bergen und Wäldern der Krone
Auf den Schanzen

Seh ich die wilden Herbstblätter tanzen
Mit meinen Zweigarmen halt ich fest
Die Compostellamuschel und das Mäusenest
So treib ich im gelben Regen
Ein algenzerfressener Spuk
Und weiter den Türken entgegen
Gib mir den Reisesegen
Heiliger Nepomuk.

IV
Mein Bruder ist nicht mehr mein Bruder.
Ich hab nur den einen
Der an der Mondleiter sitzt
Und wartet aufs Morgenrot
Und die klirrenden Schritte am Gang.
Und Schwester hab ich nur eine:
Die Sonne, die abwärts muß
Über den Alpenrand
Und reißt noch einmal
Das feurige Gewölk
Zum Kranz ums Haupt sich
Und muß hinab.

V
Mit welcher Inbrunst geht
Den Leidenden und hold
Das Unversehrte an.
Jetzt am Giebel der steinerne Flor
Jetzt die Eisenblüte im Tor
Jetzt mit gebreiteten Flügeln
Der rosige Pelikan
Bei den versunkenen Teichen.
Alles ohnegleichen
Wenn er rollt

Rollt durch die Stadt
Geflochten aufs Rad.

VI

In der Welt springen die seidenen Tänzer verneigen sich
In der Welt laden die Freunde den Freund zur Tafel.
Wie war ich daheim in der Welt.
Jetzt noch, wenn der Herold meinen Namen ruft
Springen die Türen auf.
Aber die seidenen Tänzer sehe ich nicht
Die Wände spiegeln mir mein Gesicht
Das wüstenblasse und das verwilderte Kleid.
Unter dem gläsernen Wasser
Flutet die Algenzeit.

VII

Wovon wir leben, nicht vom Brot allein.
Auch vom Fluchtsprung der Rehe
Am Abend im Wienerwald
Leicht übers Unterholz
Und schön gestreckt.
Was wird da aufgeweckt?
Welcher alte Stolz?
Oder wenn der Wind an den Wipfeln reißt
Aufblitzende Silberhaut
Wie Schwalbenflügel die Wolken streift
Wenn der alte Strom nach den Ufern greift
Und erwürgt den blühenden Wein
Mit dem tiefen gurgelnden Liebeslaut –
Woran wir sterben
Nicht am Tod allein.

VIII
Zu hassen wäre
Die Erde, die sich bäumte
Und Dich hinstürzen ließ.
Die Bäume, die Dich demütigten
Da sie unfest wurden
Die Glocken, die Dich zutod erschreckten.
Aber ich bin ein schlechter Hasser
Und sehr allein.
Schon buhle ich mit der Erde der Gärten
Mit dem Glockenspiel von Sankt Peter
Mit den Pappeln am Donauufer: Richtet ihn auf!
Wenn wir sie wiedersehen, die Stadt
Wird ein Gespräch sein wie zwischen Verschworenen
Unverständlich für Dich, für alle.
Du da Erde
Ihr da Glocken
Ihr da vor allem
Pappeln am Donaukanal.

IX
Eingestiegen wird kein Halten sein
Kein Aufatmen, wann es Dir paßt.
Mit der Stirne rennst Du die eisernen Türen ein
Karlskirche. Fischer von Erlach
Nach Deiner Schulter faßt
Das grüne Gerippe
Schatzkammer. Funkelnder Schrein
Am Söller der steinerne Gast
Setzt sich zu Dir in den Wagen
Burghof Lipizzaner Levade
Des Erhängten Glieder schlagen
Um Dein Gesicht
Barockmusik bei Kerzenlicht

Zu Deinen Füßen im fauligen Bett
Des Ertrunkenen Haupt
Schlägt die Augen auf
Gloriette

    x
Lang ist die Zeit, da wir uns keinen Vers machen können
Da die geheimnisvolle Entsprechung mißlingt.
(Singt doch, sagen sie, singt.)
Doch erst, wenn die Netze zum Grunde des Meeres gesunken
Kommen die Fische, spielen um unser Boot,
Erst wenn von unseren Tauben, den beringten
Keine mehr heimkehrt, kommt die große fremde
Graue, den Ölzweig im Schnabel.

TAGESZEITEN

I

Wenn der Morgen kommt
Wenn auf fernen Spitzen der Berge
Rosiges Licht erscheint der Flamingolagune
Röchelt noch in den Röhren
Das Vergangne Versäumte
Rollt noch dein Bett
Schlafheiß ewigkeitsschlaff
Dämmernd von Küste zu Küste.

Dein Zimmer tritt aus dem Schatten
Feindselig, wartet auf
Mit Erinnrung Entbehrung.
Draußen im zornigen Dröhnen
Aufgejagter Motoren
Bei schmetternden Abfalltonnen
Versucht noch ein Vogel
Die rührende Koloratur.

Aus dem Schatten trittst du dir selbst
Ein verlorenes Ich
Umstellt von Dämonen und Feen
Wie einst, wie alle.
Mit Kreuzbalken hinter den Armen
Geheimen Wundmalen wie alle.
Gebacken aus Staub und aus Schmerz
Immer noch immer wieder
Rätselhaft mutig.

II
Für Karl Reinhardt

Wenn der Abend kommt
Wenn der Schatten des Berges
In den wir gebettet werden
Den Strand überfällt
Erscheinen am Felsenvorsprung
Die schwarzen Barken
Voll regungslos stehender Männer
Und biegen landeinwärts.
Leise ticken die Uhren Vergänglichkeit.

Wenn der Abend kommt
Wird am Strande der Thunfisch geschlachtet
Die Händler wiegen und schreien
Zu den Bergen herüber.
Im Sande vertrocknen die schillernden Eingeweide
Die Uferwelle ist rot von Blut.

Sieben herrische Töne
Singt die Harfe des Himmels
Jeder von tieferem Blau
Und einmal ums andre
Wirft sie uns Sterne herab
Die bewegen sich zitternd
Zur Rechten zur Linken
Weichen den Rudern aus
Glänzen wie Irrlicht
Bezeichnen geheimnisvoll
Orte der ewigen Liebe.

HERBST IM BREISGAU

I

Drei Schritte von meinem Vaterhaus
Bin ich über meinen Schatten gesprungen.
Da hingen die Dächer firstab im Blau
Die Linden wurzelten im Wolkenbett
Die Toten flogen vom Weinberg auf
Seltene Vögel.

Gekleidet in die graue Wolle der Waldrebe
Steigt der Herbst von der Höhe.
Sitzt bei den Kindern am Wiesenfeuer.
Die braten die Frösche
Die knacken die Schenkel
Die schlagen wenn der Abend graut
Aus dem wilden schwarzen Kartoffelkraut
Funken wie Sterne.

Der Sog der Schwalben ist stärker als alles andre
Er zieht aus der glitzernden Wiese die Zeitlose auf
Und die Nebel die kommen und fliehen.
Weil die Stare so hoch im Himmel schrieen
Verlassen die Bienen den Efeu
Und die Kühe den Apfelgarten
Die Blätter der Linde lassen sich fallen
Und die Blätter der Rosen.
Ein Zug dorfaus
Die riesigen Sonnenblumen voraus
Die wilden schwarzen Medusen.

Dem Fels im Walde steigt der Nebel zu.
Begräbt am Hang die Buchen und den Wein.
Wo sonst die rauhen Wurzeln sich verschlingen
Hängt graues Tauwerk aus den Eisenringen.
Versteinte Muscheln färben sich opal
Meerüber kommen die verlornen Segelschiffe
Und Kinder gehen schlafen in der Grotte.
Feine Skelette legen sich zur Ruh.

Im Hohlweg zieht die kleine Prozession
Jesus aus Holz geschnitzt
Auf dem Esel aus Holz geschnitzt.
Jesus mit rosenroten Wangen
Die kleinen Räder knarren und singen
Eine Krone für mich eine Krone für Dich
Aus der roten Berberitze.

In den Springbrunnen fällt die Nacht
Wie ein Stein vom Himmel.
Schlägt dem Putto ins breite Gesicht,
Reißt ihm die Locken herunter.
Auf der Rose dem schwankenden Lächeln
Treiben die Fische tot.

Im grünen Osten steht der Fürst der Welt
Die Blüte in der Hand.
Im roten Westen steigt mit Lilienhänden
Das Fleisch gen Himmel.
Mein Bett das leichte Holz
Treibt auf dem versandenden Strome.
Die Uhren schlagen. Keine Stunde gilt.

II
Ausgestreckt
Das Gesicht in die Mulde gepreßt,
Die Hände rechts und links
Im Wald verkrallt,
Den Mund voll Ackerkrume,
Quellwasser im Haar,
Den Atem angehalten
Nußlaubatem:
Alles soll bleiben,
Keiner gehe fort.

Denn dies ist ein Ort,
Wo der Vogel im hohen Tambour,
Der wundgeschlagene,
Seinen Ausweg findet.

Und dies ist ein Ort,
Wo der Hund mit dem goldbraunen Fell,
Der im Walde lärmt,
Heimkehrt am Abend.

Wo die Liebe wandert
Auf Schären des Untergangs
Im Herzen der roten Sonne.

Aber nichts bleibt,
Nur die Glieder
Der Kette, die glatten, runden
Milchweißen, fuchsfellbraunen
Spielen mit meinen Fingern.

Glühender Kiesel
Kühle Kastanie
Ein Sommer
Ein Winter
Ein Sommer.

Meine Inseln blühen mir auf
Im grauen Verputz der Mauer.
Meine Briefe schreib' ich
Mit der leichten Forellengräte
Über den Hügelkamm.
Abends sitz ich am Feuer,
Bau in die Flasche
Ein Haus, einen Brunnen, acht Linden,
Ein Spruchband aus Schilfgras,
Kein Wort darauf.

Denn die Schrift der Sterne wird klarer,
Wenn die Sterne verschwinden,
Der Leib, von den Schlangen erstickt,
Vergißt die Schlangen,
Die den Tod übergangen,
Die Knöchlein
Im Mörser tanzen und singen.

AUFERSTEHUNG

Manchmal stehen wir auf
Stehen wir zur Auferstehung auf
Mitten am Tage
Mit unserem lebendigen Haar
Mit unserer atmenden Haut.

Nur das Gewohnte ist um uns.
Keine Fata Morgana von Palmen
Mit weidenden Löwen
Und sanften Wölfen.

Die Weckuhren hören nicht auf zu ticken
Ihre Leuchtzeiger löschen nicht aus.

Und dennoch leicht
Und dennoch unverwundbar
Geordnet in geheimnisvolle Ordnung
Vorweggenommen in ein Haus aus Licht.

REQUIEM

I
Mit dem Tod muß ich umgehn
Dem schwarzen Hengst,
Der sprengt mit der Schulter
Die sicheren Wände,
Der zerstampft mit dem Huf
Die geglätteten Dielen.
Sein Drahthaar zerriß meinen Vorhang,
Sein Eisatem blies mir die Scheiben blind,
Meine Gebete durchschoß er mit Verwünschung,
Aus meiner Sanftmut schlug er roten Zorn.
Nachts drehte er sich kreischend auf dem Dache,
Ließ durch die Sparren mich dein Zimmer sehen,
Deinen Tisch nicht darinnen
Deine Bettstatt verschwunden
Um Deine Bücher Spinnenkränze
Auf dem Teppich Schnee.

Da er dich entrückte flußüber,
Was wußte die Brücke,
Was wußte der Strom?
Und da er dich bettete drüben im Sommergarten
Was wußten die Pappeln, der Mond?
Die Wände strahlten Kobalt,
Auf den feuchten
Kieswegen gingen tapfere Sterbende
Und winkten Abstand. Junge Hasen jagten
Vom Rosenbeet zum goldgefleckten Rasen.

Was wußten die Rosen,
Was wußtest Du?
Fliehen wir doch, bat ich,

Zurück in die Arme der Linden.
Fliehen wir doch, bat ich,
Zurück an die Efeuwand.
Die Bienentrommel dröhnt,
Die Äpfel springen
Der Brunnen Lebenswasser
Sprüht und tönt
Ist alles bereit
Für Gutmann und Gutweib.

Und ich zerrte an deinen Fingern,
Und ich rüttelte deine Schulter,
Aber du rührtest dich nicht.
Du schliefst. Du schliefst,
Ein Mann allein im Boot –
Dein Fischerlicht
Auf grünem Nachtwasser entfernte sich lautlos.
Einer stand hinter mir,
Preßte mir seine
Unmenschliche Hand auf die Lippen,
Stampfte den Felsgrund
Und die erschütterte Erde,
Murmelte: Schweig.
Laß ihn ziehen.

Und während du schliefst,
Bauten sie drüben das Haus,
Ihre Flüche riefen sie,
Ihre Späße herunter vom Dachfirst.
Der Preßluftbohrer stieß mein Eingeweide,
Die Kiesel sprangen in der Schüttelreibe,
Du hörtest nichts. Es stieg ein Haus aus Luft
Und Lächeln dir vom Munde mir zur Bleibe.

Die Züge auf dem Bahndamm
Führten ihre Waldschneisen mit,
Ihre unbegangenen Wege.
Den Salzhauch ihrer Meere warfen sie
Dir durchs Gebüsch.
Ihre Städte Genua und Amsterdam
Beugten sich aus den Fenstern
Mit funkelnden Mauerkronen,
Und ich winkte und schrie
Hinauf zu den rollenden Wagen
Wartet nicht,
Wir haben Wurzeln in den Tod geschlagen,
Wartet nicht.

Kein Nesselhemd bekamst Du übergestreift,
Kein Becher ward dir randvoll von den Lippen gezogen,
Du mußtest nicht hungern, nicht auf Dornen liegen.
Nur sterben.

Ein roter Korallenbaum
Erklärten sie mir
Durchwüchse dein Haupt,
Ersticke deine Gedanken.
Indes die Wolken zogen königlich
Dir übers Bett.
Die ersten goldenen Pfennigblätter sanken
Liebkosend auf des Schläfers Angesicht.

Und hinter dem furchtbaren Ernst
Deiner sich trübenden Augen
Sah ich noch immer die Liebe,
Das Bräutigamslicht.

Bis überm Bahndamm die gefleckten Hunde
Aufheulten wie ein Wurf verdammter Seelen
Zurückgetrieben in die Unterwelt
Bis in dein Sterbezimmer Sommergarten
Mit überblühten Rosen auf den Tischen
Einfiel die Schiffssirene Nebelhorn
Vom nahen Fluß am gläsern klaren Abend
Und zog den Dunststreif ins Septembergras.

Mit Asche bedeckten sie da
Das Feuer deines Herzens,
Zusehen mußte ich, wie es erlosch
Funke um Funke.

II
Streck ich meine Hände aus im Schlaf,
Rühr ich ein Ding aus Bein, das Erde wird,
Heimlocke ich wie meine wilde Taube
Den Fetzen Wolke, den das Licht verzehrt,
Sag ich dir Dank verspätet ungeschickt
Hör ich das Rinnsal unterm Wurzelgrund
Wen will ich küssen
Einen Maskenmund –

Hinhocken noch und sammeln dir ins Grab
Zwei Kiefernnadeln, drei Tropfen Honig,
Zwei Handvoll Brandungsschaum,
Einen Kuß, von den Lippen genommen,
Eine Muschel voll Brackwasser,
Eine rotfigurige Scherbe,
Drei Worte Abschied Bahnhof Termini,
Eine Kornähre Samland, eine Weinbeere Kaiserstuhl,
Eine Mütze Fahrwind. Wie kurz, wie kurz,
Wie kurz ist des Menschen Leben.

Und Trost ist nicht, da du mein Trost gewesen
Und Rat ist nicht, da du mein Rat gewesen
Und Schutz ist nicht, da du mein Schutz gewesen
Und Liebe nicht, da ich um deinetwillen
Die Welt geliebt.

Nur Klage um den Baum, der nicht mehr altert,
Der seine Blätter nicht mehr fallen läßt,
Und steht im Schwarzherbst
Und steht im Schneefeld
Und steht im Märzregen noch
Und seine Blätter sind Metall geworden
Und klirren geisterhaft im Frühlingswind.
Und Wunsch, vergeblicher, daß von dir wiche
Die Majestät der düsteren Vollendung.
Daß deine zugedrückten Lider sprängen
Und Hand von Hand gefaltete sich löste
Daß du mir innewohntest wieder, du
Ein Glücklicher.
Daß deine Stimme, die mich lang verließ,
Zurück mir kehrte.
Niemand hat dein Lachen
Auf eine schwarze Platte eingeritzt
Die ich mir spielen könnte mitternachts
Mit einer feinen Nadel Diamant.

Nur dein Schatten mein Schatten
Sitzen beisammen
Trinken Rezina
Bei den Sieben Brüdern
Am Fuße der Burg.
Nur dein Schatten mein Schatten
Fahren am Abend
Über das finstere

Tigergestreifte
Marmarameer.
Deine Augen meine Augen
Stehen offen für immer
Schauen und schauen
Gnade uns Gott.

III
Dies aber ist dein anderes Begräbnis
Schritte der Fischerknaben
Leichte auf Sohlen von Bast
Geleiten treppab dich
Deine Sonne zerspringt auf dem Wasser
Der Brautpuppen schönste
Aus dem Fenster von Capodimonte
Gibt dir die Hand
Die jungen Stare sind deine letzten Begleiter
Auf deinem Leibe tanzt das Volk von Rom.

Einst werd ich aufstehen
Wie alle Geschlagenen
Und das blanke Wasser
Rinnen lassen vom Hahn.
Mein Haar werd ich kämmen
Und die Fensterflügel aufstoßen.
Du springst mir auf die Hände mit dem Wasser
Du reißt mir das Haar mit den weißen Zähnen des Kammes
Du wirfst dich heißer Wind an meine Brust.

Dir zum Gedächtnis dann
Mein wiegendes Sommergras
Dir zum Dank
Meine blutende Rose
Dir zur Ehre

Mein fliegendes Abendrot
Dir zuliebe
Meine Tränen.

Denn es gab eine Zeit
Da ich dich nicht kannte
Es gibt eine Zeit,
Da du nicht mehr bei mir bist
Diese sind nicht zu verwechseln.
Ob ich gleich hingehe wieder
Ein Schüler mit wehendem Haar
Bei der Heimkehr am Abend
Von keinem begrüßt:
Die Speise Sakrament
Ist nicht verzehrt.
Nie mehr werde ich diesen Hunger leiden
Auch nicht wenn ich sterbe
Sein ohne dich.

Ich wünschte zu sagen
Daß dein Wesen Gerechtigkeit war
Deine Bewegung Anmut
Dein Auge Feuer.
Ich wünschte zu sagen
Daß du die sterbenden Landhäuser liebtest
Und die verblichenen Königsmäntel
Und wie große Achtung du hattest
Vor den Armen.
Ich wünschte zu sagen
Daß du deine Gedanken verfolgtest mit Leidenschaft
Wie den Hirsch der Jäger. Auch
Daß sie dir viele Wunden beibrachten
Tödliche endlich.
Ich wünschte zu sagen

Daß du jedem die Würde zurückgabst
Die jedermann hatte
Und ihn hochhieltest in der Ehre
Die jedermann zukommt.
Aber schweigen möchte ich über das
Was nur uns beide anging.
Über die Namen, die wir uns gaben
Täglich neue
Und wie wir beieinander ruhten ohne Furcht.

Denn du hast mich gebettet
Im Schoße Geheimnis
Zwischen Wände die sich auftun
Unter Sterne die schwanken
Im Nichtsmehrwichtig
Im Ohnedauer
Im Baldbeidir.

IV (ABGESANG)
Fährfrau mit dem runden Hut
Hast du ihn gesehen?
Ja, sagt die Fährfrau.

Hirte mit dem toten Lamm
Hast du ihn gesehen?
Ja, sagt der Hirte.

Bergmann mit dem weißen Licht
Hast du ihn gesehen?
Ja, sagt der Bergmann.

Welchen Weges ging er, Fährfrau?
Übers Wasser trocknen Fußes.

Welchen Weges ging er, Hirte?
Berghinüber leichten Atems.

Welchen Weges ging er, Bergmann?
In der Erde lag er still.

Was stand auf seinem Gesicht geschrieben?
Frieden, sagten alle. Frieden.

EINER VON ZWEIEN

In meinem Gedächtnis wohnst Du
Mein Leib ist dein Haus
Mir aus den Augen siehst du den Frühling
Noch immer die rote Kastanie.

Auf dem Fluß jedes Tages
Kommst du geschwommen
Steigst mit jeder Sonne
Mir über den Hügel.
Hände hab ich
Zehn Finger und flinke Füße
Näher kommst du
Ich fasse dich nicht.

Ihr sollt in mir sehen
Einen von zweien
Und hinter meinen Worten
Unruhig horchen
Auf die andere Stimme.

Ihr sollt sehen wie meine Wunde
Zu glühen beginnt
Wenn die Welle kommt
Der Muschelgeruch der Häfen
Wenn im Buchenwald unsichtbar
Maisingen die Vögel.

DEIN SCHWEIGEN

Du entfernst dich so schnell
Längst vorüber den Säulen des Herakles
Auf dem Rücken von niemals
Geloteten Meeren
Unter Bahnen von niemals
Berechneten Sternen
Treibst Du
Mit offenen Augen.

Dein Schweigen
Meine Stimme
Dein Ruhen
Mein Gehen
Dein Allesvorüber
Mein Immernochda.

VOM STRAND WO WIR LIEGEN

Vom Strand wo wir liegen
Silberne Häute ausgespannt
Stehen wir auf
In der mondlosen Nacht
Begehen das Feigental
Und die feurige Macchia
Lieben im Fleische
Reden mit Zungen
Tauschen das Augenlicht.
Ziehen auf aus der Erde
Hausmauern
Tisch und Bett
Reichen uns ernsthaft
Der eine dem andern
Der andre dem einen
Handüber herzüber
Bis zum Morgengrauen
Das rehrote Windei
Hoffnung.

SCHREIBEND

Schreibend wollte ich
Meine Seele retten.
Ich versuchte Verse zu machen
Es ging nicht.
Ich versuchte Geschichten zu erzählen
Es ging nicht.
Man kann nicht schreiben
Um seine Seele zu retten.
Die aufgegebene treibt dahin und singt.

GLORIA

Bänder rückwärts gespielt
Geschnatter
Höllengelächter.
Sieben Ziffern
Auf der Wählscheibe gedreht.
Ich melde, ich will aus der Welt gehen.
Macht doch Regen Freunde
Peitscht die Wolken
Schlaff sind die Schläuche
Der Acker ist dürr.

Wohl tat zu singen
Das Heimweh nach Wäldern
Halali zu blasen
Und zu trommeln über den Gräbern.

In der Kammer schlafen
Die Instrumente
Goldglühende
Ebenholzschwarze
Unter staubigem Samt
Und die Träume.

Ein Gedicht erfinden
Die Worte ins Feuer blasen.
Musik aufschreiben
Die Noten zerkauen
Schluck unter, Häftling.
Lautlos sprechen
Tonlos singen
Wir das kalte Gloria.

WINDVOLK

Freizügig sind die Verlassenen
Windsbräute Windraub.
Ihre Türen stehen offen Tag und Nacht.
Wenn sie sitzen im Auge Gottes
Unter Kastanienzweigen
Prasseln die Früchte. September.
Welcher September?

Meine Nachrichter sagen mir an
Taifune mit lieblichen Mädchennamen
Windhosen schwarze hineilend übers Wasser
Und den Rauchpilz der aufsteigt
Vom Brennesselland
Zu den wankenden Sternen.

Am Baugerüst klappern die Lampen
Lötkolbenfeuerwerk sprüht
Die Bänder am Richtkranz jubeln:
Steht das Haus, kommt der Tod.

Wir Verlassene immer
Im Zustand Verwunderung.
Es leuchtet am Horizont uns
Die Rosenglut Weißglut
Kommender Zeiten
Aber im Rücken
Weht Sandkorn zu Sandkorn.

Im Morgenrot werden
Durch Lachen und Händeklatschen
Menschen erschaffen. Windvolk.
Das versteht nicht zu säen, erntet nicht.
Tanzt –

FRÜCHTE DES WINTERS

Meine Einsamkeit ist noch jung, ein Kind.
Weiß nicht wie man Schneehütten baut
Wie man sich birgt in der Höhle.
Die Inseln auf denen ich mich ansiedeln will
Verschwinden gurgelnd im Wasser.
Jeden Tag bebt die Erde
Jede Nacht
Kommen die Winde
Meine Widersacher
Zerreißen die Hecke
Aus Traumblume Mohn.

Zu Kundschaftern taugen
Die nicht mehr kennen
Worte der Liebe und
Worte des Willkomms.
Auf ihrem verlorenen Posten
Bleiben sie stehen
Rufen werda
Und reden mit Geistern.

Wenn der Tod sie anspringt
Frostklirrend
Aus schwarzem Gebüsch
Fallen sie ihm entgegen
Früchte des Winters
Umstäubt
Von diamantenem Schnee.

DER BLAUE VORHANG
für Werner Burger

Was ist aus den Bergen geworden
Und aus den schwellenden Flüssen
Seit meine Zunge verdorrt ist
Seit meine Hände die Erde
Durchpflügen nach deinen Augen
Seit meine Stimme immer nur das Eine
Flüstert und stammelt
Deinen Tod ...

Die Berge sind eingesunken
Die Flüsse vertrocknet
Die Sonne die untergeht ist nicht mehr rot
Die Weide leuchtet nicht mehr zeisiggrün,
O wenn der Juni kommt mit grauen Rosen

Und doch auch diese uns
Überlebende Welt ist schön
Auch an den Wegen von denen
Unsere Spuren gelöscht sind
Erblüht der Weißdorn
Auch die Gespräche
Die von uns nichts mehr wissen
Sind voll von Liebe.

Aufrufen will ich das Versunkene
Und leben machen das Getötete
Daß sie aufleuchten noch einmal
Die Lichter der Autobahn
Die sich begegneten am Kirschbaumhügel
Als mir der Wind den Vorhang
Ins Zimmer wehte die meerblaue Fahne.

INTERVIEW

Wenn er kommt, der Besucher,
Der Neugierige und dich fragt,
Dann bekenne ihm, daß du keine Briefmarken sammelst,
Keine farbigen Aufnahmen machst,
Keine Kakteen züchtest.
Daß du kein Haus hast,
Keinen Fernsehapparat,
Keine Zimmerlinde.
Daß du nicht weißt,
Warum du dich hinsetzt und schreibst,
Unwillig, weil es dir kein Vergnügen macht.
Daß du den Sinn deines Lebens immer noch nicht
Herausgefunden hast, obwohl du schon alt bist.
Daß du geliebt hast, aber unzureichend,
Daß du gekämpft hast, aber mit zaghaften Armen.
Daß du an vielen Orten zuhause warst,
Aber ein Heimatrecht hast an keinem.
Daß du dich nach dem Tode sehnst und ihn fürchtest.
Daß du kein Beispiel geben kannst als dieses:
Immer noch offen.

EIN AUFHEBENS MACHEN

Schlaf überkommt den Schlaf
Hochzeiter Traum
Leichtfüßig unterwegs
Mit silbernen goldenen Mandeln
Tritt auf der Stelle.
Der Vogel Nachtwald fliegt davon
Und schweigt.
Der Narr bedeckt
Mit seiner Hand die Schellen.

Heb deine Gerte
Schwarzgeflügelte
Seele des Toten
Reisekamerad.
Zerreiß das Schleierspiel
Auf meiner Netzhaut
Aus der Brandung schrei
Mir Möwe das Rätselwort zu.

Denn ein Fischer bin ich zu alt
Den Fisch an die Bootswand zu schlagen
Aber die Wetterbank schwarze
Seh ich im Westen.

Ein Jäger bin ich zu alt
Nicht zu zittern beim Blattschuß
Aber ich unterscheide
Die Tritte von Lämmern und Wölfen.

Wenn ich vorlesen soll
Verschwinden die Blätter
Mir unter den Händen.
Auswendig weiß ich das Dunkle.

Ich frage wem dringt das Gerücht
Von der Endzeit unter die Haut?
Wer verläßt sein Haus
Setzt sich unter den wilden Birnbaum?
Wer legt seine Kleider ans Ufer
Und wandert herzeinwärts?

Die das Nachsehen haben
Nachsehen den Flüssen der Sonne
Den enteilenden Schritten
Ach die Erde ist ihnen noch zugetan
Und die brennende Weide.
Die Granittrommel schlägt ihnen Mut zu
Der Regen richtet sie auf.

Mich und meine Brüder
Die todesmutig
Ein Amt übernehmen
Dem niemand gewachsen ist.

Mich und meine Brüder
Die Ausgesetzten im Fellkleid
Die alles noch einmal ersinnen
Auf der Insel Verzweiflung.

Was wir dir sagten
Erde einst
Unsern Lobspruch
Auf dein Schilf deinen Staub deine Rosen

Trägst du uns wieder zu
Gespenstiges Echo.

Einen Nachglanz hab ich im Auge
Von Seestädten
Bräuten des Meeres,
Von finsterblauem Gewölk
Überfliegend das Maisfeld.

Immer noch will ich
Ein Aufhebens machen
Vom Tod von der Liebe.
Und auf den geäderten
Marmor des Tisches
Ins Weiße Euch schreiben
Abendrotzeit.

ICH LEBTE

1
Ich lebte in einer Zeit,
Die hob sich in Wellen
Kriegauf und kriegab,
Und das Janusgesicht
Stieß mit der Panzerfaust
Ihr die bebänderten Wiegen.

Der Tausendfüßler, das Volk,
Zog sein grünfleckiges Tarnzeug
An und aus,
Schrie, haut auf den Lukas,
Biß ins Sommergras
Und bettelte um Gnade.

Viel Güte genossen
Die Kinder,
Einigen schenkte man
Kostbares Spielzeug,
Raketen,
Andern erlaubte man,
Sich ihr eigenes Grab zu graben
Und sich hinfallen zu lassen tot
Zu den stinkenden
Schwestern und Brüdern.

Schwellkopf und Schwellbauch
Tafelten, wenn es bergauf ging,
Zander und Perlwein.
Die Erdrosselten saßen
Die Erschossenen mit am Tisch
Höflich unsichtbar.

Um den Himmel flogen
Selbständig rechnende
Geräte, zeichneten auf
Den Grad unsrer Fühllosigkeit
Den Bogen unsrer Verzweiflung.

In den Sperrstunden spielten
Abgehackte Hände Klavier
Lieblichen Mozart.

II
Und rasch war die Zeit meine Zeit,
Wer von Pferden gezogen zur Welt kam,
Verließ sie im Raumschiff.
Wem Aladins Wunderlampe
Aufs Lesebuch schien,
Entziffert im Flutlicht
Den Vers seines Alters.

Solange ich denken kann,
Gingen Uhren immer zu schnell.
Türme wuchsen sich selbst
Über den Kopf,
Läufer überholten sich selbst
Auf der Aschenbahn.

Im Echo der Zwölfuhrkanone
Erblühte das Nachmittagsrot,
Am Abend wurde der Morgen ausgeschrieen
Und im Sommer die künstliche Weihnacht.

Schnell schoß der Same ins Kraut
Und die Knospe ins Schattenblatt,
Schnell reifte das Fruchtfleisch
Und der Wurm im Fruchtfleisch.

Mit Ruten peitschten wir
Die Jahre aus der Welt
Und traten voll Ungeduld
Unter die Erde die Toten.

Es wurde gebaut übernacht
Ein tausendfenstriges Haus
Am Hudson am Main
An den Ufern des Bosporus
Und ein Ding, es zu wandeln in Staub
Übernacht.

III
Freigebig war die Zeit, in der ich lebte,
Sie stieß ihren Kindern die Ohren voll
Mit Warnschrei und Gratismusik.
Überhäufte mit Brandschutt und Rosen
Ihnen die zitternde Netzhaut.

Sie gaben ihnen Hemden aus Nessel
Und Hemden aus Seide
Häuser aus Stein
Und Häuser aus Winterkälte
Stacheldrahtzäune
Und Sterne von Afrika.

Abgelaufen die eisernen Kinderschuhe,
Vergnügte sie sich, eine lüsterne Blaubärtin.
Paukte und blies uns ins Zimmer den Krönungszug,

Bettete uns aufs Kissen das Tränengesicht
Und auf die Schwelle den Leichnam des toten Rebells.

Ihre Überallaugen erspähten uns,
Ihre Überallohren belauschten uns,
Ihre Überallhände griffen uns auf,

Wenn wir flohen kleinwinzig
Labyrinthischen Schrittes
Durch Farren und Moose,
Wir entkamen ihr nicht.

IV
Und laut war die Zeit, meine Zeit,
Wenn sie hinfuhr ins Leere
Mit stampfenden Kolben
Und surrenden Rädern,
Rauschend lichtblitzend
Die gewaltige Herrin.

Brüllend formte die Träumerin
Aus rostroter Asche
Gebilde der Urwelt,
Aus nachtschwarzem Eisen
Gehege von Dornen.

Immer wollte sie mit der Sprache heraus,
Die verzerrte sich ihr im Munde
Überkam uns ein Zanken
Stymphalischer Vögel
Ein Gelächter von Geistern.

Wenn sie hinfuhr
Die stolze Schwangere
Ihres Weges und keiner wußte
Was ihr den Mantel hochstieß,
Ein Busch junger Rosen
Ein knochiges Totenkind –

V

Und doch in der meiner Zeit
Kamen Kinder aus Mütterleibern,
Schleimige Lurche noch immer,
Und wurden, auch die späteren Ungeheuer,
Mit Weihwasser begrüßt
Und Schrei der Freude.

Mund auf Mund gepreßt
Der Liebenden bäumte sich auf
Gegen die Einsamkeit,
Und ein altes Entzücken
Überströmte noch immer
Glitzernd das Steinfeld.

Angst zu sterben
Und Angst zu leben
Hielten sich die Waage noch immer.
Natur trug unbekümmert ihr altes Gewand
Herzzerreißende Schönheit.
Das Leben war noch immer ein Geheimnis,
Der Tod ein andres.

SCHNEE

I

Lange haben wir keinen Schnee mehr gesehen,
Nicht des Winters anämische Landschaft
Nicht die Eiszunge grüne
Wenn sie die Täler hinabschleicht,
Sich einverleibend Farren und Glitzerflügel
Und was da vom Tiefhimmel fällt
Weißes zu weißem und deckt
Meinen Fels meine nackte Schönflur.

II

Zeit zu träumen
Gefangen im Schneebett
Wenn die Dämmerung kommt
Wenn die schwarzen Zäune
Entfliehen feldüber.
Zeit zu tauschen
Schneemann und Schneefrau
Kohlenäugig
Karottenlippig
Im Knistern des Frostes
Uralte Erfahrung.

III

Von der Ungeheuerlichkeit
So lupennah
Jede Pore jedes Haar
Von Schlafhauch bei Schlafhauch
Ertappten Gedanken
Entrissenem Geheimnis
Zwei Leibern verwesend
Aneinandergeschnallt

Zwei Einsamkeiten
Zum Bündel geballt
Von Tag und Nacht
Der Speise Du
Giftiger als Gift
Süßer als Manna.

IV
Gespräche unsere lebenslang alltäglich
Sieh wie es schneit.
Die Sterne fliegen fort.
Sie bauen ein neues Haus dort drüben.
Dein Halsweh? Besser.
Kauf das dunkle Brot.
Geh *Du* ans Telefon.
Blüht schon die Linde?
Das Kind ist blaß
Wir geben zuviel aus.
Hörst Du die Axt?
Sie fällen die Kastanien.
Schon Mitternacht
Und wieder nichts getan.
Sieh wie es schneit.
Und so ein Leben lang
Drehorgel aus dem Eheparadies.
Wie sich das anhört d'outre tombe
Wie süß.

V
Wie sich das ansieht Liebe d'outre tombe
Eine Stadt mit Türmen von denen die Fahnen wehen:
Eine Milch die überschäumt und zischt auf dem Herde
Eine Welle die herrauscht riesig aus der Mitte des Meeres
Eine Versöhnung im Fleische immer wieder
Ehe die zornrote Sonne untergeht.

VI
Liebende haltet Euch fest
Seilt euch an am Jochbein
Werft euch die Taue
Um das beinerne Rückgrat.
Finstere Zeiten kommen
Schiffe segeln durchs Zimmer
Mit schwarzer Leinwand
Und schreienden Masten.
Maulwurfsgrillen in Pferdsgröße
Nagen an den Bäumen im Garten
Aus dem Hinterhalt zarter Skabiosen
Werden Flammen geworfen.
Euer Schweigen übertönt die schreienden Masten.
Auge in Auge versenkt übersieht die Chimäre
Herzschritt an Herzschritt gepreßt übergeht die
Gefahr.

VII
Ihr mögt mich schelten sagt die Liebende
Aber mein Gott war sterblich
Hatte Hunger und Durst wie alle.
Bettete sein Haupt
Vergrub sich in meine Lenden
Wanderte irrte kam wieder
Der schreiende Heiland.

Ihr mögt mich schelten sagt die Liebende
Aber ich wußte was Gnade ist.
Seine Worte verloren ihr Salz nicht
Ein Leben lang
Seine Hände nicht ihre Kraft
Seine Lippen nicht ihre Süße.

VIII
Überall
Im Kanal von Korinth
Wo über der seufzenden Lehmwand
Die Sterne schwanken.
Auch in Sizilien
Seinen herbstüberschwemmten Tälern
Unter goldenen Kuppeln im Reigen
Syphilitischer Kinder.
Bei den Taufen in fremden Flüssen
Den eisigen neuen Geburten
Aus dem roten anatolischen Halys
Aus dem Stromschnellenwasser der Drau.
Überall wo sie uns ansprang
Die scharfzähnige Fremde
Wo sie uns die Kleider vom Leib riß:
Wie fest wir standen
Ein Du ein Ich
In den Fluten der Schwermut.

IX
Reden wir von der Ehe als einer Zeit
Da wir auf der Erde zuhause sind
Da unsere Füße in die Schuhe passen
Unser Leib ins Bett
Unsere Hand um den Türgriff.
Da ein Maß ist geeicht von der Liebe

Und ein Herzstein der das rechte Gewicht hat.
Niemand drehte uns das Wort im Munde herum
Nicht vermischten sich Wasser und Erde Tag und Nacht
Und noch der Blitz der schwarz uns verbrannte
Hatte sein Ansehen.

X

Aufzustellen wäre das Schuldregister.
Schuld unsre erste: Blindheit
(Wir übersahen das Kommende).
Schuld unsre zweite: Taubheit.
(Wir überhörten die Warnung).
Schuld unsre dritte: Stummheit
(Wir verschwiegen, was gesagt werden mußte)
Warum?
Wir wollten uns nicht verlieren.

XI

Sagt mir doch nicht es gäbe keine Engel mehr
Wenn Ihr die Liebe gekannt habt
Ihre rosigen Flügelspitzen
Ihre eherne Strenge.
Und es gäbe kein Eden mehr
Keinen Ort wo Löwen und Lämmer weiden
Wenn Ihr irrtet vertrieben
In Tälern schwarzverschlammten
Und lehntet die Stirn an den Sumpfbaum
Und er löste sich auf
Und es sänke zu Boden
Die Krone der Stamm
Und die schneefleckige Rinde.

XII
Geben wir zu es war ein schweres Spiel
Geduldspiel. Karte um Karte aufgedeckt
Jede Reihe verwirrter.
Aufgabe unlösbar gestellt
Nicht auszurechnen mit Hilfe von Logarithmen.
Mauer aus Elfenbeinsteinen
Vier Winde und dreimal drei Drachen.
Wer tauscht zur rechten Zeit das Rechte ein?
Tanzfigur rätselhafte
Umfangen und Fahrenlassen.
Geben wir zu ohne Glück
Tauschen wir nichts.
Weder Jahre noch Tage noch Küsse.

XIII
Lange haben wir keinen Schnee mehr gesehen
So hoch verweht und vieles verbirgt sich darunter.
Vergangenheit und Zukunft. Moderblatt
Rauschendes Frühlingswasser.
Es murmeln die Toten im Schneebett
Die Ungeborenen
Am Himmel wiegt sich und tanzt
Meine weißgekleidete Trauer.

ICH UND ICH

Mein Ich und Ich
Eines steht aufrecht
Faßt noch ins Auge
Greift noch die Handvoll
Spürt noch den Hundsschweiß
Den Winterbiß.

Eines schon lange
Zur Wand gekehrt
Liest auf dem Mörtel
Die Flugschrift der Träume
Sieht ein durchscheinendes
Wandernd ein Licht.

Ich sagt zu Ich
Harre aus.
Ich fragt Ich
Wem zuliebe?
Ich sagt zu Ich
Bring zu Ende.
Ich fragt Ich
Warum?

Ich der Fisch
Ich die Reuse
Ich der Apfel
Ich das Messer
Ich das Maiskorn
Ich die Henne

Ich der Faden
Ich die Nadel.
Ich die Nadel fängt den Faden
Zieht den roten
Kettenstich.

EIN GEDICHT

Ein Gedicht, aus Worten gemacht.
Wo kommen die Worte her?
Aus den Fugen wie Asseln,
Aus dem Maistrauch wie Blüten,
Aus dem Feuer wie Pfiffe,
Was mir zufällt, nehm ich,

Es zu kämmen gegen den Strich,
Es zu paaren widernatürlich,
Es nackt zu scheren,
In Lauge zu waschen
Mein Wort

Meine Taube, mein Fremdling,
Von den Lippen zerrissen,
Vom Atem gestoßen,
In den Flugsand geschrieben

Mit seinesgleichen
Mit seinesungleichen

Zeile für Zeile,
Meine eigene Wüste
Zeile für Zeile
Mein Paradies.

MEINE STAATEN

Meine Staaten haben ein großes
Eiskaltes Meer
Und platte Felsen
Auf denen die Seekühe rollen.
In meinen Staaten wächst
Ein Ilexwald
Ein Nesselfieberbusch.
In meinen Staaten
Kann man dem Gürteltier
Auf der Straße begegnen
Und auf der Hügelkuppe
Stehen sehen
Ein junges Rind
Ein steifgefrorenes
Vom letzten Schneesturm
Weiß wie meine Zukunft
Verkrustet von Kristallen
Aufrecht
Tot.

WEISSNOCH

Weißnoch, weißnoch
Den Vogel Unheil,
Seh ihn noch hocken,
Seh ihn noch hüpfen
Im Käfig über dem Bett uns.
Seine Federn wuchsen,
Seine Flügel wurden kräftig.
Ach wie ich ihn auf den Schoß nahm,
Ihn hegte und wiegte,
Gleich einer Taube,
Hielt ich ihn auf dem Schoß.
Wie ich ihn fütterte,
Mit Süßholz zuerst,
Dann mit Herzblut,
Daß er nicht aufflöge,
Geierkahl krächzend,
Weißnoch, weißnoch,
Wie er sich losriß,
Geierkahl krächzend
Die Sonne verschlang.

ROM 1961

Wiedergesehen die Stadt
Eine mächtige geschleuderte Wabe
Mit den pickenden Altartauben
Den Seelenvögeln
Aufgescheuchten zum Himmel.

Mit kopflosen Märtyrern
Hervorschießend aus ihren Gräbern
Mit leuchtendem Springwasser
Fliegend von Brunnen zu Brunnen
Mit Brausen schwerrädrigem
Funkelnder Explosion.

All ihre Pinien fand ich
Ihre Platanenalleen
In Bewegung gesetzt
Ihre rostroten Drehbühnenpaläste
Ihre Statuen
Säulengehege
Mir vorübergerissen rundum.

Wer klinkte in solcher Eile noch Türen auf?
Wer vernähme im Innern der Kirchen
Die todstille Messe?

Übersprungen vom Lichtschein
Fortwähren Jahrtausende
Erschütterter Steine
Und Cypria Weltherz Du
Geschlagen gebeutelt gepreßt
Verschenkst Deinen leuchtenden Honig.

NOTIZEN DER HOFFNUNG

Nicht zu vergessender Stein
Der mir den Himmel aufriß
Brunnentief über den Erlen
Nicht zu vergessender
Singender Pfiff
Aus dem Herzen des Reisigfeuers.
Nicht zu vergessendes Wiegen
Ast über Ast
Der Knaben im Buchenskelett
Nicht zu vergessende Märzsonne
Ungebührliches Scheinen
Und purpurner Seidelbast
Tannenschonungversteckt
Blühend für keinen.

NUR DIE AUGEN

Tauft mich wieder
Womit?
Mit dem nächstbesten Wasser
Dem immer heiligen.
Legt mir die Hand auf
Gebt mir den nächstbesten Namen
Einen geschlechtslosen
Frühwind- und Tannennamen
Für das letzte Stück Wegs.
Verwandelt mich immerhin
Nur meine Augen laßt mir
Diese von jeher offen
Von jeher tauglich.

VILLA MASSIMO

Vorgefunden zwei Staffeleien,
Eine beschmierte Palette,
Einen Geruch.
Ich will mir ein Bild machen
Von dem tödlichen Ernst der Cypressen,
Von den fröhlichen Schritten der Pergola.
Grün soll nicht heißen Hoffnung,
Weiß soll nicht heißen Unschuld,
Schwarz soll nicht heißen Tod.
Meine Sonne soll nicht erscheinen
In Sonnengestalt
Noch meine Schwermut
im Gewand des Abends.
Mein Fluß wird seinen Lauf
Willkürlich ändern
Und münden mir
Wer weiß in welchem Meer.

SPRING VOR
*Für Wilhelm Lehmann
zum 80. Geburtstag*

Spring vor, spring zurück,
Umarme den Taustrauch,
Begrüße den Frühmond,
Berühre das Steinherz,
Wo sind wir zuhause
Bei Asche und Streuwind
Im Wolkenrot Mohnrot
Im Hall zweier Stimmen
Im Fall zweier Schritte
Im Nirgends und Immer
Im Überallnie.

MORGEN

Morgen passen mir die roten Schuhe
Morgen bin ich leicht und hafte nirgends
Morgen bläst mich dein geheimer Atem
Meertief über das zerwühlte Herzland
Morgen spielt der Abend mir vom Blatt
Rotem Sichelblatt des Eukalyptus
Drei vergessene winzige Etüden
Hingetupfte schwarz und elfenbein.

ZUWEILEN

Zuweilen schläft auch der Dichter
Der alte Verderber der Feste
Ausgezählt hat er sich selber
Gesunken ins Sterntalergras.
Schnellwachsender Traum überspinnt ihm
Die spähenden Augen
Auf seiner Schreibhand
Begatten sich Schmetterlinge
Seine Sturmvögel plappern wie Spatzen
Das liebliche Immer-schon-da.

JUNI

I

Über den Tod geht nichts
Kein Springbrunnenstrahl überspielt ihn
Keine Musik deckt ihn zu.
Er ist wenn er ausholt richtig und richtig zuschlägt
Ein gewaltiger Zerstörer.

Mit ihm in Beziehung gebracht
Sind Aufgaben Kinderrasseln
Und Pflichten Halme aus Stroh für Seifenblasen.
An einen Leichnam gebunden
Verbrennt wer will oder nicht
Und fliegt mit der weißhäutigen Asche.

Einige geben sich Mühe
Üben das Wort ich
Und das Wort mein
Und das vergebliche Wort
Meine Zukunft.

Andere
Nach zehntausend Tagen Du und Du
Zurückgekehrte
Woher sie gekommen
Zum Ufer des Teiches
Versuchen das Schluchzen des Schlammes
Das Mückengesumm.

Aber das Wasser hat eine starre Haut
Der Wildbusch besetzt sich mit Dornen
Der Weidenbaum sperrt sich
Läßt seine Dryade nicht ein.

Nur die vergeßliche Luft
Die sich zu allem hergibt
Gab sich mir her zum Haus
Empfing mich mit singenden Drähten und Reiseschwalben
Steckte mir die verlorene Feder ins Haar.

II
Einen Körper zuweilen
Leih ich mir aus
Da sitzt er zwischen den Freunden
Seine Hand macht Gebärden
Sein Mund sagt Worte
Ich entferne mich lautlos.

Wer überallhin kann
Will nirgendswohin
Wer frei ist erfindet ein Gitter
Aus Schatten und Mondstrahl.

Ein Windlicht steck ich mir an
Ein Freudenlicht
Mir heimzuleuchten
Wer weiß
Wieviel Wendungen noch der Weg hat.

Juni mein Monat
Mit Fingerhut weißem Holunder
Ein Glühlicht aufleuchtend erlöschend
Am Wiesenrand Waldrand
Und die Glücklichen denken ihm nach.

MEINE NEUGIER

Meine Neugier, die ausgewanderte, ist zurückgekehrt.
Mit blanken Augen spaziert sie wieder
Auf der Seite des Lebens.
Salve, sagt sie, freundliches Schiefgesicht,
Zweijährige Stimme, unschuldig wie ein Veilchen,
Grünohren, Wangen wie Fischhaut, Tausendschön
Alles begrüßt sie, das Häßliche und das Schöne.

Gerade als hätte ich nicht schon längst genug,
Holt sie mir meinen Teil, meinen Löwenteil,
An dem, was geschieht, aus Häusern, die mich nichts angehen.
Ein Ohr soll ich haben für jeden Untergang
Und Augen für jede Gewalttat.

Die schönste Abendröte kommt dagegen nicht auf,
Die zartesten Gräser sind machtlos.
Wie sehne ich mich nach der Zeit, als sie nichts zu bestimmen hatte,
Als ich hintrieb ruhig im Kielwasser des Todes,
In den milchigen Strudeln der Träume.

Vergeblich jag ich sie fort, meine Peinigerin.
Da ist sie wieder, trottet und hüpft,
Streift mich mit ihrem heißen Hündinnenatem.

Vergeblich beklage ich mich.
Was für ein schreckliches Lärmen,
Was für ein Gelauf und Geläute,
Was für eine Stimme, die aus mir selber kommt,
Spottdrosselstimme, und sagt,
Was willst du, du lebst.

NIEMAND

Wer nirgends ist, ist niemand. Ich
Auf dem soundsovielten Breitengrad
Aber umgeben von nichts als Wasser und Luft
Bin nicht mehr ich.
Mein starkes Schiff Provence
Ist wie jedes ein Fliegender Holländer.
Kommt nur in Booten. Klettert über die Bordwand.
Da trinken Herr Niemand Frau Niemand
Da schlafen Herr Niemand Frau Niemand
Kind Niemand sitzt auf dem Holzpferd
Ich Niemand schreib in den Wind.

GEHEIM

Auf dem schwarzen Brett eine Nachricht
In der Kammer die Morsezeichen
Ein Flaggenwinken vorüber
Am Himmel eine rasende Spur
O ihr Geheimnisse nur
Daß die Tage vergehen nur
Dieses leise unheimliche Rauschen
Auf dem seelenlosen Azur.

HAFEN

Rette dich, mein Hündchen
Ja, du mit den drei Beinen
Trink nicht aus der Pfütze
Der Kran kommt auf Schienen
Mit seinen Greifarmen hebt er die Brücke weg.
Zwischen Bordwand und Quaimauer wächst die Luft
Im öligen Wasser tanzen drei rote Orangen.

Drei Passagiere sind zurückgeblieben.
Einer war blind, fand den Weg nicht.
Einer war taub, hörte die Pfiffe nicht.
Einer war tot.
Auf ihn hab ich gewartet.

SCHIFFSWEISS

Wer hätte in dieser unserer
Mathematischen Welt
Je ein Ding gesehen, das verwest
Und ein Ding, das wurzelt?
Weiß weißes Weiß
Über kurz oder lang
Werden auch wir mit Ölfarbe angestrichen
Dann altern wir nicht mehr
Wir essen Blancmanger
Die Uhren stehen weiß
Nur daß die Nacht
Aufzieht mit Horden unbekannter Sterne.

MANN UND MAUS

Zwar eines Tages öffnet sich das Meer
Für Mann und Maus
Zwischen grüngläsernen Wächten
Führ ich die meinen
Trockenen Fußes
Schellenklirrend
Auch mit Schalmeien
Dir entgegen
Alles wie einst.
Nur daß auf der Hälfte des Wegs
Bei dem gesunkenen Schiff
O ihr toten Augen
Ihr tangüberwachsenen Lippen
Liebe Brüder gescheiterte
Euch
Zu liebkosen versäum ich die Zeit
Über mir schließt sichs und wallt

Du unerreichbarer Strand.

WENN ALLES GUT GEHT

Niedergerissenes Haus
Darin wohnt unterm Seetang
Das Pferdchen auf Rädern
Schon abgegriffen
Zwischen Mauern aus Luft.

Erschrick nicht. Geh leise
Wir reden im Fieber.
Seit gestern
Die Fünfarme schon
Ein wenig eingefaltet
Aber von Glitzern bedeckt
Bewegt sich der Seestern
Im mondgelben Hafer.
Vielleicht
Wenn alles gut geht
Erreicht er das Meer.

NAUSIKAA

Komm wieder ans Land
Tangüberwachsener
Muschelbestückter
Triefender Fremdling
Du
Noch immer der alte
Voll von Männergeschichten
Fragwürdigen Abenteuern
Lieg mir im grasgrünen Bett
Berühre mit salzigen Fingern
Mein Veilchenauge
Meine Goldregenlocken
Fahr weiter nach Ithaka
In dein Alter in deinen Tod
Sag noch eins
Eh du gehst.

SCHAFE ZUR LINKEN

Zaghaft auszusprechendes Wort Glück
Fahrradglocke
Eben nur angeschlagen
Flüchtigster Vogel genährt von keiner Speise
Und doch
Auffliegend zuweilen
Rot golden herrisch
Eherne Wirklichkeit
Wirklicher als
Das wir tragen das Tränenkleid
Als Hagel und Heuschreckenschwarm
Als das Bild der Sommerrose
Im Eisauge des Winters
Zieht
Zieht
Schafe zur Linken.

BERICHT VOM NEUMAGEN

I
Wenig Aussicht
Fast gar keine
Natur beschränkt
Auf etwas Erdbewegung
Braune Wellen
Rebäcker bepflanzt mit Kartoffeln
Bach

Bach schöner Bogen
Du breiter schneller
Dampfend vom heißen
Abwasser. Pappelbegleitet
Zwischen Ufern des Urstroms.

Fingerabdrücke meine
Schon am steinernen Brückengeländer
Meiner Sohlen genaues Profil
Im nachgiebigen Lehm.

Schon gilt nicht mehr
Ein Ding links liegen lassen
An einem Orte nie gewesen sein.

Das bleiche Fähnlein Mais
Die toten zerfetzten Ritter
Ziehen hügelan
Und schneiden dir den Weg ab

Vor
Vorfrühling hinter der Nebelwand
Ein Auf und Ab
Von Drosseln.

Kurgast sieh
Im Wasser der Staustufe still
Den Lebensbaum
Woher gespiegelt?
Wundere
Wundere dich.

Du wirst geheilt
Von was –
Genug
Geheilt.

II
Die Erde durchkämme
Fünfzackig mit Fingern
Nach Graswurzeln weißen
Stückchen vom Regenwurmleib
Feinzahniger Muschel

Leg den Kopf in den Nacken
Sieh Wassersäulen
Hinwandern über die Äcker
Sieh die riesigen Toten, ein Jahr voll
Zur Ruhe sich legen
In Rübengruben
Die zugedrückten Augen aufgeschlagen
Zum rätselhaften Vogelzug

Sieh das Getümmel am Flußufer
Langschwänziger Mäuse
Unterm schwarzfaulen Staudengeschling
Und im Wasserfall tanzend
Hinabgestoßen
Zurückgerissen
Hinab
Die Blechbüchse klappernde Seele
Verlorene ach

Halte nicht ein bei der Schmerzgrenze
Halte nicht ein
Geh ein Wort weiter
Einen Atemzug
Noch über dich hinaus
Greif dir im Leeren
Die Osterblume
Wenn das Maisstroh fragt
Das Junilaub wird Antwort geben
Die Vögel mondvorüber sind am Ziel.

III
Sterile Erde
Träge hingebreitet
Schlaffbrüstige
Die schwarzen Schamhaarwälder
Die dornigen Locken reifbestreut
Das Kiesgrubenauge verhangen
Wo Düsenjäger
Steigen und landen
Auf schneeigen Schenkeln
Wo junge Fasanen
Totliegen im Auwald

Erde mein Ärgernis
Frostiger Flüßchenweg
Im Kurhaus die Wetterberichte
Bilderbuchsonne umzogen von Bilderbuchwolken
Bauchrednerstimme. Kalt kälter
Und Eisnadeln spicken die Leinwand.

Auf der Straße ein Wagen heran
Dreht sich lautlos im Kreis
Schrumpfköpfe tanzen am Heck

Nicht lange mehr, nicht lang die Knospenstarre
Die Eishaut mir zwischen den Fingern
Ein Sturmtief kommt
Ein Regen und Regenbogen
Fuß auf dem Tuniberg
Fuß auf dem Belchen
Darunter sein zarteres Abbild

Staubweiße Braue
Kastanienschwarzlaub
Heurigenschwermut

Kommt alles wieder
Ist da
Und geht.

DEMUT

Mir aufgelauert entdeckt
Die Blüten Falschgeld
Die ich unter die Leute bringe
Und die falschen Papiere
Mit denen ich reise
Und das falsche Zeugnis
Das ich ablege ehe
Der Morgen kräht
Und das falsche Spiel
Das ich treibe
Mit wem
Mit mir

Rotwelsch entziffert
Letzthin
Im Jahr der ruhigen Sonne
Blutsenkung erhöht
Und gewußt
Es ist Zeit für Demut.

NICHT GESAGT

Nicht gesagt
Was von der Sonne zu sagen gewesen wäre
Und vom Blitz nicht das einzig richtige
Geschweige denn von der Liebe.

Versuche. Gesuche. Mißlungen
Ungenaue Beschreibung

Weggelassen das Morgenrot
Nicht gesprochen vom Sämann
Und nur am Rande vermerkt
Den Hahnenfuß und das Veilchen.

Euch nicht den Rücken gestärkt
Mit ewiger Seligkeit
Den Verfall nicht geleugnet
Und nicht die Verzweiflung

Den Teufel nicht an die Wand
Weil ich nicht an ihn glaube
Gott nicht gelobt
Aber wer bin ich daß

DIE LÄNDER DIE MEERE

Noch einmal ins Auge gefaßt
Alles in mich hinab
Unter die Schattenlinie
Gesunkene gestern vorgestern vor
Schlafende Griechin
Salzüberkrusteter Stein.

Keine Trennschärfe mehr.
Gleich neben Aarhus liegt Kairouan
Die riesigen Möwen auf den Minen von Letzte Platane
Heute sah ich sie wieder
Sie mischten sich
Unter die fetten Tauben vom Odeonsplatz
Fraßen hausbackene Körner.

Seit einigen Tagen Jahren hinke ich
Das macht
Mein einer Fuß ist aus Marmor
Akanthusblatt überwächst ihn
Der andere geht und geht.
Auf den Schultern trag ich
Das leichte gerettete
Vorsichtig.
Seht weg.

EIN RIESE IM GOLDLACK

Windige Orte jetzt
Im Schilf des botanischen Gartens
Mühlos im Mispelgewächs
Im Rauch der aufsteigt.
Andere damals ein Stuhl
Eine Lampe
Ein Zimmer.
Du knietest ein Riese im Goldlack
Deine Arme umschlangen mein Haus
Hielten es fest
Vier Wände
Ein Dach
Deine Augen über dem First
Sahen was kam.

DER DICHTER

Vogelbauer viele
An meinen Wänden
Geschrieben steht
Pirol und Nachtigall
Mit dem Fuß stampf ich auf
Befehle
Singt, meine Träume.
Aber kein Flügel leuchtet
Kein Kreuzschnabel
Wetzt am Gitter

Wenn meine Kunden kommen
Sage ich
Eine Seuche ist ausgebrochen.
Die Vögel sitzen ganz hinten
Bedeckt von Blättern
Rühren sich nicht.

Meine Kunden diese
Sind ärgerlich, nehmen mich übel
Neuerdings haben sie mir
Ein Waffeleisen
Mir an den Fuß gebunden.
Da hink ich und hüpfe.
Das Eisen klappert
Klappt auf und zu
Bäckt Luft.

SCHLUSS

Dein Gedicht
Schlag es dir in den Hals
Bring dich zum Schweigen

Wenn du redest geht dir nicht ein
Was die andern zu sagen haben

Das Ohneich
Das Ohnedu
Das Ohnewann
Das Ohnewo

Die Maschine
In der man es manchmal
Knirschen hört

Schluchzen nicht mehr.
Nur die Handvoll Mensch im Getriebe.

Schweig.

ZOON POLITIKON

I
Feiertags
Kommt das Vergessene
Auf Hahnenfüßen mit Sporen
Die ritzen mir ins Parkett
Ein Schnittmuster, so
Wird uns zugeschnitten
Das Nesselhemd
Wenn die Wand
Rosentapete sich auftut
Und ausstößt die Bettlade voll
Von gemergelten Judenköpfen
Wenn durch den versiegelten schön
Glänzenden Estrich hinausdrängt
Nichts. Nur ein Rauch
Stinkender. So
Werden wir eingekleidet
In das was uns zukommt
Wenn die Kinder aufstehen fragen
Wie konntet ihr nur
In Rauch und Nesseln
Besonders am Feiertag.

II
Trommeln sind die Begleiter des Morgenrots
Knaben kommen
Mit Schießwaffen in der Hand
Setzen die schwarze Mündung
Auf die Brust des Freundes.
Bedenkliches aber
Und aber und abermals

Blechtrommler
Zündblättchenkriege.
Lacht nur

Lacht nicht.

III
Ich hätte ehe ich gehe
Noch einige Fragen.
Warum hat die Großmutter Schlangenköchin
Das Fischlein gekocht?
Warum haben die Jünger am Ölberg sich schlafend gestellt?
Warum ist seit Auschwitz nichts wesentlich besser geworden?

Vom Übel sein.
Wir sinds.
Wir sind vom Übel.

IV
So werden wir
Du Bruder und ich
Hinübergehen
Schuldig.
Denn freizusprechen ist keiner.
Eine Handvoll Erde
Ein Mundvoll Wein
Unsere Würde ein Kleid
Sie ziehens uns aus am Ende.
Nackt vor der Grube
Woran erinnert dich das?
Zu verstehen ist nichts.
Geh.
Weiter.

V
Alles nicht aktenkundig
Nicht der Angstschrei im Bahnhofsgelände
Nicht das Schluchzen gefangener Kinder
Unterm Kanalgitter
Dennoch
Leg dich nicht schlafen

Registriere
Verlust um Verlust
Und hinter Alleebäumen wieder
Langrohrig kriechen die Panzer
Ich weiß du weißt er weiß
Die Erde dreht sich
Ein dauerhaftes Gefährt
Mit ihren Kerkern
Blutbestickten Fahnen
Ihren schönblühenden Bäumen
Voll Vogelgezwitscher
Aus der Sonne in den Schatten
Aus dem Schatten in die Sonne

Du
Dennoch
Leg dich nicht schlafen.

VI
Ihr gut zu kennen
Alles rein ausgebreitet
Mit Händen zu greifen
Wenig Untiefen
Keine schillernden Blasen
Wohlanständig in Wollmänteln

Mit Krawatten
Keine Alpträume nachts
Noch Haare gesträubte
Plötzlich beim Beischlaf
Auf dem Weg ins Büro
Keine Gespenster am Straßenrand
Lazarus liegengelassen
Gute Geschäfte
Keine Sorge ums Nichtmehrsein
Kein Gedanke an Himmelundhölle
Dann: Blutungen, leicht genommen
Niemand gesagt.
Fahrt über Land
Gutgepolsterte
Offene Rübenmieten
Mit Stroh ausgelegt
In einem fremden Gehöft ein Glas Wasser getrunken
Trinkgeld hinterlassen heraus
Vor einer Wand gestanden
Schwarz ohne Fenster
Gezittert
Vor der ohne Fenster
Schwarzen Wand.

VII
Zerrbilder jede Nacht
Von solchen die unterirdisch
Einen Gang entlanghasten
Von solchen die ins Wasser tauchen lautlos
Wie Ratten schwimmen
Von solchen die über ein Minenfeld kriechen
Hundertäugig
Von solchen die ihre Motoren aufheulen lassen
Eine Schranke durchbrechen

Von Händen im Stacheldraht
Maschinenpistolengeknatter
Leuchtgranaten
Gezappel im Scheinwerferstrahl
Von Familien gedacht daheim bei der Lampe zu sitzen
Und keuchen im Finstern
Schleppen den steinkleinen Leichnam
Fluchten unzählige immer
Über den Erdball
Vom Unerträglichen ins Unbekannte
Vielleicht Erträgliche
Übt Vorsicht schweigt
Sprecht nicht von denen die nicht angekommen sind
Sie müssen es büßen
Sprecht nicht von denen die nicht angekommen sind
Sie müssen es büßen.

VIII
Immer daran denken
In Zusammenhang bringen
Fragen
Zurücktreten Abstand gewinnen
Was

Was sagen wir der Pressekonferenz
Wenn der Begrabene die Glocke läutet.
Er lebt nur einen Tag
Ein Tag ist lang

Unter uns Höhlen wie jene von Santa Rosa
Die man vom Meere sieht.
Oben die Kinder
Werfen sich Bälle zu, hüpfen
Ins Labyrinth

Sternkünstliches Firmament.
Wir arbeiten ohne Netz.
Fliegen, umklammern uns
Nüchterne Springer.
Muskeln wie Eisen
Zuckersüße Musik.
Versäumnis tötet.

   IX
Meergrüner Wind in den Lärchen
Chaotische Harmonie
Am Rand der Schonung aller Unsichtbaren
Die sich zujauchzen zutrillern schluchzen
Während das Licht dir von den Fingern schmilzt
Die Torkelschnepfe schon einfällt.
Dann stufenweis dunkler
Änderung in der Tonart
Sehnsüchtiger leiser.
Abendtau Füße im Naßgras
Holzfällerfeuer gelöscht.
Letzter noch einziger Liebesruf unentwegter
Und Antwort waldinnen vom Kauz.
Stern erster Venus. Dies All

All dies und die Insel Zypern.

JENSEITS

I
Wie sie aussehen werden die Engel
Vielleicht wie Krähen?

Wie sie uns drüben empfangen
Wenn
Sie uns empfangen?

Ob es das gibt
Ein Du.
Ob wir eine Stimme bekommen glockenrein?
Es heißt doch, es würde gesungen.
Oder die Hölle ist:
Der Gesang der Sphären
Zu laut.

Ein Kontrollpunkt vielleicht
Mit den Wegweisern der alten Hekate.
Aber wer kann das noch denken
Aus – denken
Verdammt.

Auf keinen Fall werden dort sein
Ausschließlich Bischöfe
Den Krummstab in der Hand
Polonäse
Durch die Abstellräume des Himmels.

Vielleicht hat jeder
Seine eigene Seligkeit
Eine alte von diesseits
Wir sprechens nicht aus.

Vielleicht auch umarmen sich Knochengerüste
Röntgenhände spielen mit Röntgenhänden
(Man sieht noch die Ringe).
Wo blüht das Fleisch und seine Auferstehung
Wo blüht das auferstandene Fleisch?

Von Geisterschlacht hörte ich reden
Und Flug der Seelen rundum
Unaufhörlich rundum.

Ich frage mich
Was heißt Ihm Sommerabend.
Seine Gedanken sind nicht unsere Gedanken.
Blind blindlings Blindekuh
Und Kopf im Sack.

II
Etwas doch noch
Ein Bewußtsein Liebesbewußtsein
Formen noch Rauch und Nebel
Ineinanderfließend sich trennend
Glühende Farben wie Tiefseefische
Töne wie Bruckner
Alles wie etwas
Immer Vergleiche
Immer Zusammengereimtes
Honigsee
Jaspisgebirge
Gottvater
Aber dem nichts
Vergleichbaren
Mit nichts zu verbindenden

Den grauen Paradiesen kalten Höllen
Wer empfiehlt uns
Hartnäckig unsterbliche
Seelen?

III
Weiter gefragt
Weil Fragen nichts kostet
Nach Deinen da oben
Da unten
Gültigen Losungsworten
Nach Deinen Feuerzeichen Totenspielen
Nach Deinen auf den Mauern wehenden Sträuchern
Fremdgoldenes Zion
Nach Deinen fegfeurigen Wartehallen
Vertrautes Staubland
Nach dem der am Hafen steht
Wenn wir kommen wächsern im Einbaum
Leichenstarrer Geleitzug
Unter der Zunge die fromme Münze
In die Hände gefaltet
Das wir nicht heilig hielten
Das
Weiter gefragt
Weil Fragen nichts kostet
Kostet doch
Kostet viel.

IV

Ich versuche bemühe mich
Um Nichthaus und Nichtland
Um Nichtwort im Nichtwind
Absterben langsam
Der Ranke Erinnerung
Die noch suchte und klopfte
Verdorrt auf den Lippen
Das Fädchen Blut

Sollten wir doch gerichtet werden
Hinaufgerissen
Hinabgestoßen
Sollten da doch die Fürbitter stehen
Großmäulig
Unsere toten Geliebten

Ausgeregnet die Flamme
Der Siebenkranz nicht mehr zitternd
Tasten nach einer da ist keine Wand
Hinlegen die Glieder da ist nicht worauf
Da ist keine Sitzordnung
Niemand wird ausgespieen
Niemand zur Rechten

Eintöniger Fall über Fall
Vergessene Wiederkehr
Zuversicht letzte,
Aus uns wird das Schweigen gemacht.
Bedenket die Gnade:
Das Schweigen.

V
Wieder von vorn angefangen
Aufgespürt
Alles Durchsichtige
Töne zwischen den Tönen
Luftwurzel:
Schlüsselwort

Denn erhob uns, erhob es uns nicht
Zollbreit über die Erde
Luft unter der Sohle
Ging

Heugeruch nicht im November
Und Firnschneehauch
Durch die Höfe von Leverkusen

Wir fortgerissen wie oft
Von Tisch und Bett
Auf schnellfließendem Wasser
Mit Algen und Stern

Leichtleichter Doppelgang
Aller Lebendigen
Hier und woanders sein
Ja: dies woanders

Wo von Freuden getöteten
Eine aufwächst wächst
Geht eine Rose unterm Baldachin

Wo adamische Zuversicht
Niedergeknüppelt
Neu erschaffen vom Finger
Flugfinger zur Lebzeit

Worte: Ewigkeit. Ewig.
Augen: dahinter der andere
Würde: der Sterbzimmer
Kleinweis

Lesen wir ab Verwandlung.
Hier von den Schatten
Hier von den Steinen
Die Hoffnung.

VI
Spindel Spindelgang immer
Vom Breitfluß ins Engere Dunkle
Dort sprechen die Worte sich selbst aus
Alte der Liebe
Wenn der Staub aus dem Schnürboden fällt
Aufgebaute Balkone
Künstliche Lauben verrieseln
Scheinwerfer ausgelöscht
War ein Paar
Da ein Paar
Vergessene. Aber frei
Freischwebend die Worte, vor allen
Das herrliche Du
Fischerwort Netzwort
Gelöst von gebrandmarkten Lippen
Aufziehend glitzernd neu
Den beargwöhnten Himmel.

Denn wir wußtens ja, wußten es immer
Wo Freiheit wohnte. Blind blindlings
Wußten wirs hin-
Gestürzt an die atmende Brust
Was da sein wird
Im Jen.

DAS UNVERLIERBARE

Römischer Nachtblick.
Braunblaues Gemäuer
Angestrahltes Gebälk
Und die Zeder
Schiefwipflig
Gegen den helleren Himmel.
Bilder, nie mehr verlierbare. So
Trieb auf der Donau der Kranz
Septemberblumen
Zum Gedächtnis der Selbstmörder
Flammend gegen das Offene. So
Fielen die Tropfen mondtriefend
Vom Ruderblatt
Als wir heimkehrten hafenwärts
Und erspähten tief unten
Im schwarzklaren Wasser
Die Märkte der Toten.

Nachwort

Unter den Ausdrucksmöglichkeiten des Gedichts findet sich auch heute noch etwas, das zu den alterslosen Eigenschaften dieses Gedichts zählt: die Würde. Das ist ein Wesenszug der Lyrik, der sich einer behenden Standortbestimmung entzieht, weil Würde – wenn sie *mehr* ist als arrogante Pose oder ein Relikt verlorengegangener Exklusivität – die Fassung der Zurückhaltung kennt und eine Gelassenheit, die noch im Schmerz, in der Bitterkeit der Einsicht, kein Aufsehen von sich macht. Die in sich ruht, ohne jede Selbstgenügsamkeit, ohne egoistische Sättigung an der eigenen Art oder Unart. Die vielmehr solche Ruhe als Vorgang einer Übung versteht, die die geheime Unruhe, den Zweifel, die Unsicherheit zu überwinden versucht. Würde hat nichts mit Windstille zu tun. Sie ist kein halkyonischer Zustand, sondern eher eine disziplinäre Bescheidung. Eine gewählte Entschiedenheit, um auflauernde Unentschiedenheit hinter sich zu lassen.

Die Gedichte von Marie Luise Kaschnitz haben von jeher derartige Würde aufzuweisen gehabt. Sie haben sich innerhalb von mehr als zwanzig Jahren in manchem zwar gewandelt, sind hierin aber unwandelbar geblieben. – Würde fixiert bei ihr geistige und sensible Leidenschaft des Anteilnehmens, jener besorgten Zeitgenossenschaft, die sich immer aufs neue entschließen muß, vor ihrer Umwelt keinen noch so begründeten Rückzug zuzulassen. Sie ist die Leidenschaft der brennenden Augen, die mit ansehen mußten und mit ansehen werden. Die sich nicht schließen können.

Marie Luise Kaschnitz hat in dem, was sie schrieb, jene verfeinerte Disziplin gehabt, die zum Beispiel verhinderte, daß – zuweilen – ihre Verse vor Schreck versteinerten. Daß sie die Sprache verloren. Niemals ist ihre Dichtung sprachlos geworden. Sie hat vielmehr im Laufe der Jahre die Zone schmerzlicher Sprachlosigkeit wieder und wieder durchschritten. Sie ist keine statische Lyrik. Ihre Fassung ist nur eine besondere Weise des In-Atem-gehalten-Werdens.

Diese Fassung ist oft geprüft worden: damals als Krieg war und Frankfurt in Flammen aufging und sie in ihrer «Rückkehr nach Frankfurt» (aus dem Band «Totentanz und Gedichte zur Zeit» des Jahres 1947), vorher in der «Großen Wanderschaft», sich dem Schmerz stellte, wie ihn die große Elegie kennt. Später, als ihr Mann starb und der Schmerz als ein nun unauslöschbares Feuer wiederkehrte, als er in den Gedichten «Dein Schweigen – meine Stimme» der Jahre 1958 bis 1961 Gestalt annahm. Als er zu Stimme kam und mit der Fassung rang.

Schmerz ist seither in den Gedichten von Marie Luise Kaschnitz unüberhörbar geblieben, ein Vorgang freilich, der – dank der literarischen Würde ihrer Verse – sogleich seinen Anlaß zu übersteigen scheint und daran erinnert, daß in dieser Lyrik von Anfang an nichts leicht genommen worden war. Es war eine Lyrik, die stets auf alles vorbereitet wirkte, nicht nur, wenn sie große Themen aufsuchte und sich an ihnen bewährte. Wenn sie sich mit der Trauer maß wie in jener erschütternden Klage um das in Asche gesunkene Frankfurt, in dem sie lebte und das bis zum heutigen Tage ihr Wohnort geblieben ist. Die Not der dunklen Jahre hat in ihren Arbeiten Form und Fassung gefunden.

Ich muß noch einen Augenblick bei der Fassung bleiben, denn mir scheint, daß gerade dieses Wort immer wieder auf das zutrifft, was Marie Luise Kaschnitz geschrieben hat, früher wie jetzt. Es ist jene Beherrschtheit und Reife der poetischen Mitteilung, die ein noch so heftig «gefühltes» Gedicht nicht nur von seiner Form her zusammenhält. Der Zerfall des Gedichts in eine wie immer geartete Fassungslosigkeit ist bei ihr nirgends zugelassen. So etwas ist leichter festgestellt, als es von einem Lyriker erreicht wird. Bloßer Sinn für die innere Ökonomie und Begabung für poetische Disziplin genügen hier nicht.

Es gehört vielmehr eine besondere Begabung im Umgang mit dem entstehenden Gedicht dazu, um es so werden zu lassen, wie es bei Marie Luise Kaschnitz auftritt: angetan mit Schlichtheit, der Noblesse, die unnahbar bleibt für die vielfältigen verbalen Versuchungen. – Die Aura des Schmerzes, wie sie in den beiden letzten Bänden «Dein Schweigen – meine Stimme» und «Ein Wort weiter» zum dichterischen Zeugnis wird und sich etwa im «Requiem» oder in der Gedichtfolge «Einer von zweien» ausbreitet, wirkt zugleich glorios. Sie hat einen geistigen Schein, der stärker strahlt als die Lichter und Irrlichter einer reinen Sensibilität, die auf bestimmte «Wirkungen» angewiesen ist. Es ist jene Stimmlage, die in folgenden Zeilen zusammengefaßt ist:

> Ihr sollt in mir sehen
> Einen von zweien
> Und hinter meinen Worten
> Unruhig horchen auf die andere Stimme.

In dem gleichen Gedichtzyklus ist einmal von den eigenen, «pathetischen Versen» die Rede. Die ernste Dichtung der Marie Luise Kaschnitz setzt fast nie zu solchen selbstironischen Formulierungen an, mit denen sie ein bestimmtes Klima ihrer Poesie trifft. Aber Pathos meint hier – wie etwa auch bei Paul Celan – doch nur eine spezifische Einkleidung des dichterischen Auftrags, der dichterischen Würde. Es meint eine bestimmte Erhebung des Wortes in den Stil des Bedeutungsvollen, des «Gewichts» literarischer Äußerung.

Die Gedichte des letzten Jahrzehnts sind immer deutlicher Gedichte der «härteren inneren Wahrheit» geworden, wie Marie Luise Kaschnitz das einmal genannt hat, oder anders und in vier Gedichtzeilen ausgedrückt:

> Zeile für Zeile,
> Meine eigene Wüste
> Zeile für Zeile
> Mein Paradies.

Mit solchem Prozeß überein stimmt eine zunehmend gedämpfte Sprechweise, die gelegentlich in die Nähe des poetischen Registrierens kommt. Die Drosselung der Lyrizität gibt solchen Gedichten eine leuchtende Sachlichkeit. Gleichwohl trifft in den Versen der Dichterin die wachsende Knappheit und Konzentration der poetischen Äußerung zuweilen auf eine rückhaltlose Leidenschaftlichkeit. Die sich hieraus ergebende Spannung verhindert bloße dichterische «Entrückung», das Ausweichen vor der Härte erlebter Wirklichkeit. Eine weitere Spannung, die zum Merkmal vieler Gedichte gehört, ist die Neigung und Fähigkeit zum «Klassischen», das ebenso zu ihrem Wesen und Temperament gehört wie die sich ständig erneuernde Hinwendung zu Gegenwart und Zeitgenossenschaft in ihren verschiedenen Ausprägungen.

Da wo ihre Lyrik auf der Höhe ihrer Kraft steht, läßt sich die nahtlose Verschmelzung des einen mit dem anderen beobachten, derart, daß «Zeit» gleichsam von dem Halt garantiert wird, den das Gedicht in seiner Form, in Ode, Elegie, im elegischen Selbstgespräch, im nach Art der Ode angelegten Zwiegespräch, im poetischen Denken und Bedenken findet.

Aber noch etwas weiteres gehört als Stoff in ihr Gedicht hinein. Am Ende des Zyklus «Ich lebte» («Dein Schweigen – meine Stimme») stehen die Zeilen: «Angst zu sterben / Und Angst zu leben / Hielten sich die Waage noch immer. / Natur trug unbekümmert ihr altes Gewand / Herzzerreißende Schönheit.» – Natur, hier ausgesprochen, ist in ihrer sicheren Anwesenheit eine Begleiterin dieser Dichtung, seit den Zyklen «Heimat» und «Südliche Landschaft», «Im Osten» der «Gedichte» (1947), über die «Rom-Gedichte» der «Ewigen Stadt» (1952), den «Sizilianischen Herbst», den «Jahreszeiten im Breisgau» aus den «Neuen Gedichten» (1957) bis hin zum «Herbst im Breisgau», «London 1959», «Rom 1961», den «Reisegedichten» der beiden letzten Gedichtbücher. Natur ist einbezogen in ein Dasein, in dessen Mitte freilich der Mensch anzutreffen ist und bleiben wird, wie angewiesen er auch auf Landschaften und Jahreszeiten sein mag. – Auch Natur, Landschaft sind bei Marie Luise Kaschnitz ins richtige Maß gefaßt worden, ohne Hypertrophie, ohne chlorophyllgrüne Wucherung. Sie hat Besonnenheit, ohne Idylle. Sie erschließt sich in der Fülle ihrer Einzelheiten, ohne Autonomieanspruch dieser Einzelheiten. Sie ist weder Dämonenwesen noch Attrappe. Aber sie hat überall ökonomische Schönheit und Sicherheit, auch wenn sie von Dunkel und Verhängnis bewohnt wird.

Der Natur«stoff» kann bei Marie Luise Kaschnitz in den großen, elegischen Stoff einbezogen werden, der ihre Lyrik umspannt. – Der Ton der Elegie, der Klage, leiser geworden in den Versen der letzten Jahre, kann freilich durchaus noch in einigen Gedichten für Augenblicke laut werden («Daß ich nicht aufhöre, zu beweinen / Deine erloschenen Augen beweinenswert», liest man in «Ein Wort weiter»), um sich dann aber doch in der Hoffnung zu erleichtern: «Daß mich noch überkomme / Heiterkeit unvermutet / Dann und wann», und: «Daß nicht über mich komme / Die Lust am Untergang.»

Es paßt zur poetischen Disziplin ihrer Gedichte, daß derartige «Lust am Untergang» nicht zugelassen ist als etwas, das Macht über den einzelnen gewinnt, so sehr auch Zerstörung, Vergänglichkeit, Vergeblichkeit der Liebe, Tod, menschliches Unvermögen zur Sprache gebracht werden. Diese Lyrik der geistigen Tapferkeit versucht das Zerreißende einer Lage zu bestehen, indem sie standhaft und fest bleibt:

> Ich bleibe, wo ich bin
> In diesem Gehäuse das wehtut
> Das ich aufbrechen könnte
> Und könnte mich ausfließen lassen
> Und versickern lassen mein Blut.

In einem anderen Gedichttext («Nicht gesagt», aus «Ein Wort weiter», 1965), hat man einen Entwurf zu einer Selbstdarstellung des Kaschnitz'schen Gedichtes, der vollkommen ist in der Schärfe seines Einsichtsvermögens:

> Euch nicht den Rücken gestärkt
> Mit ewiger Seligkeit
> Den Verfall nicht geleugnet

>Und nicht die Verzweiflung
>Den Teufel nicht an die Wand
>Weil ich nicht an ihn glaube
>Gott nicht gelobt
>Aber wer bin ich daß

Die dichterische Strenge der Selbsterkennung hat hier die Höhe des Unmißverständlichen erreicht, wie sie zu einer Befragung des eigenen Sprachvermögens gehört, diese mitunter plötzliche Rigorosität, die sich nicht schont:
>Halte nicht ein bei der Schmerzgrenze.

Karl Krolow

Inhaltsverzeichnis

Gedichte (1928–1939)

Kindheit	7
Die Seele	9
Tulpen	10
Rom	11
Schatten und Gestalt	13
Grabstele	14
Kloster in Daphne	15
Chäronea	16
Aegina	17
Delphi	19
Sounion	20
Juni	21
Hochsommer	22
Die fremde Erde	23
Im Sturm	24
Am Strande	26
Licht des Ostens	27
Semele	28
Der Teppich des Lebens	30
Der Mond	32
Einst	33

Gedichte (1939–1945)

Gottes Trauer	34
Im Kriege	35
Dann sei geübt im Traum…	36
Die Wirklichkeit	37
Die Ewigkeit	38
Lob der Sinne	39
Die Worte	40
Maß der Liebe	41
Nach dem Hochwasser	42
Rückkehr	43
Eines Tages	45
Abschied am Zug	46
Das Labyrinth	47
Die Wolke	48
Zukunft	49
Geduld	50
Strom der Zuversicht	51
Jetzt ist nicht Zeit…	52
Nichts und alles	53
Der Mensch	54
Wie nie – wie immer	55
«1943»	56
Gelassene Natur	58
Vergänglichkeit	59
Der Schritt um Mitternacht	60
Tag des Friedens	61
Im Schlafe	62
Hernach	63

Totentanz und Gedichte zur Zeit (1946–1947)

Große Wanderschaft	64	Rückkehr nach Frankfurt	72

Zukunftsmusik (1947–1956)

Blick aus dem Fenster	84	Europa	100
Was wissen die Toten	88	Heimat	103
Die Gefangenen	92	Der Dichter spricht	108
Vor den Toren	96	Fürchtet euch nicht	112

Ewige Stadt (1950–1952) Seite 114

Neue Gedichte (1953–1957)

Tutzinger Gedichtkreis	121	Bräutigam Froschkönig	146
Die Kinder dieser Welt	131	Liebe Sonne	147
Hiroshima	133	Wenn aber die Kinder	148
Karte von Sizilien	134	Picasso in Rom	150
Palermo	136	Vorstadt	151
Segesta	137	Ostia antica	152
Selinunt	139	Torre San Lorenzo	153
Hic jacet Pirandello	140	Genazzano	154
Jahreszeiten im Breisgau	141	Spitalshof	155
Der Eingeweihte	144	Castellezlandschaft	158
Obertöne	145	Stadtrundfahrt	161

Dein Schweigen – meine Stimme (1958–1961)

Tageszeiten	166	Auferstehung	172
Herbst im Breisgau	168	Requiem	173

Einer von zweien	182	Ein Gedicht	208
Dein Schweigen	183	Meine Staaten	209
Vom Strand wo wir liegen	184	Weißnoch	210
Schreibend	185	Rom 1961	211
Gloria	186	Notizen der Hoffnung	212
Windvolk	187	Nur die Augen	213
Früchte des Winters	189	Villa Massimo	214
Der blaue Vorhang	190	Spring vor	215
Interview	191	Morgen	216
Ein Aufhebens machen	192	Zuweilen	217
Ich lebte	195	Juni	218
Schnee	200	Meine Neugier	220
Ich und ich	206		

EIN WORT WEITER (1962–1965)

Niemand	221	Demut	233
Geheim	222	Nicht gesagt	234
Hafen	223	Die Länder die Meere	235
Schiffsweiß	224	Ein Riese in Goldlack	236
Mann und Maus	225	Der Dichter	237
Wenn alles gut geht	226	Schluß	238
Nausikaa	227	Zoon politikon	239
Schafe zur Linken	228	Jenseits	245
Bericht vom Neumagen	229	Das Unverlierbare	251

Nachwort Seite 253